【口絵１】15歳少女が描いた岡山大空襲

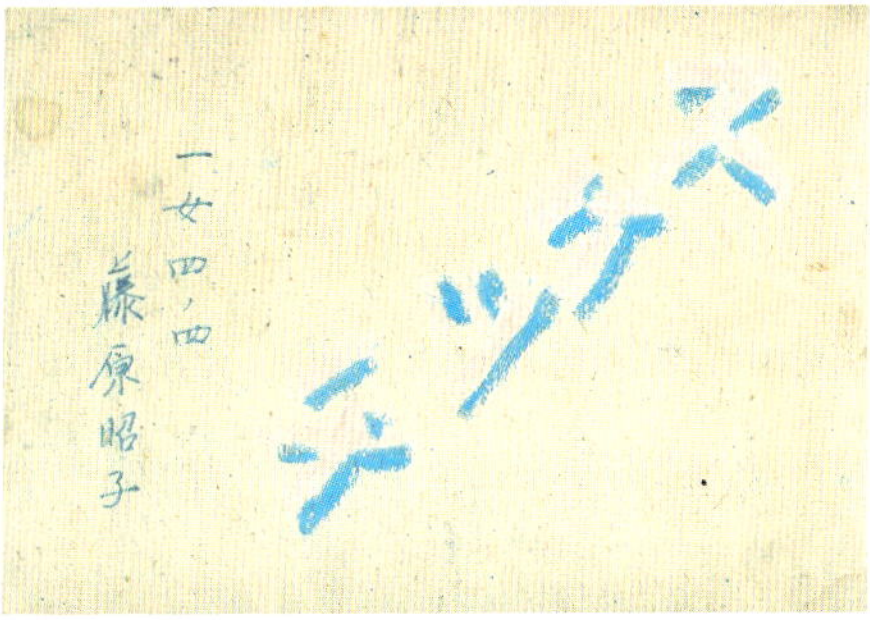

手作りのスケッチ帳

【口絵 2】『㊙焼夷弾爆撃ニ依ル焼失状況』図

【口絵３】58航空団の機による燃えあがる岡山市街地の空襲中の写真（工藤洋三氏提供　米国立公文書館蔵）

【口絵４】米軍の損害評価報告No.130所収の岡山市街地空襲後の空撮写真
（米国立公文書館蔵）

【口絵１の解説】　15歳少女が描いた岡山大空襲

額田昭子さん。当時女学校４年、15歳の軍国少女。自宅をはなれて、健民修錬所の施設を利用しての合宿訓練中岡山空襲に遭遇。その場所は岡山市街地の北東約５kmの現岡山市高島地区。彼女は本格的な絵の勉強中で、合宿所にも手作りのスケッチ帳を持参していた。「空襲」の声ですぐ飛び起きて戸外へでて、夢中でスケッチしたという。（絵は11.5×17cm）カメラがあれば、それで写したであろうというような臨場スケッチ。想像画ではない。

燃える市街地の自宅のある方を南にみている。画面の東側の斜面が操山丘陵の東山のあたり。中央やや西に岡山城が見える。まだ燃えていない。空に集束焼夷弾（E48）からM74が散開して落ちているのが描かれている。M74は火がついて落下するメカニズムではないのだが何故か実際には火がついて落ちている。火の雨の印象を多く体験者がもっている。この絵で音は表現できないが、この火の雨が「ザー」と音をたてて落下してきた。額田さんは、「花火のように炎を噴いて焼夷弾が落ちてくるザーという音が今も耳から離れない」と語っている。B-29は南東の方から侵入し北西の方に飛んで焼夷弾を投下している。落下する焼夷弾の落下のカーブにそれがとらえられている。空襲のはじまったばかりのスケッチだが街中が燃えている。煙が西になびいているのもよく写している。岡山大空襲の時は強くはないが東風が卓越していたことがいくつかの根拠をもった事実。この絵もその根拠のひとつに加えられている。

この絵は現在岡山空襲資料センターで預かっているがきわめて貴重な現代の文化遺産。将来、公的歴史博物館で永年保存される必要がある。

【口絵２の解説】

『㊙焼夷弾爆撃ニ依ル焼失状況』図

1945年６月29日当日、午前10時までに岡山市警防課・防空本部が市内を歩いて被災状況を視察して作成した手描きの地図。原寸58cm×78cm。同図の下地図は「昭和７年岡山市発行」のもの。同図の詳細解題は、拙稿「6.29岡山空襲戦災地図」（『会報6.29岡山空襲研究第23号』1998.9.25刊所収）を参照されたい。

米軍は空撮写真（口絵④）により、市街地（建物密集地域）の5.52km²、63％破壊の損害評価をしているが、本図はその写真に対応する地上の図。ただし日本の当局がこの地図により、どのような損害評価の具体的数値をはじきだしたのか不明。筆者がこの図により米軍同様にプラニメーター（米軍はアナログ。筆者はマイコン式）を使用して計測したところ米軍と殆ど差のない６km²の数値を得た。割合はこの図では市街地面積が特定できないので計算していない。

【口絵３の解説】

58航空団の機による燃えあがる岡山市街地の空襲中の写真（工藤洋三氏提供　米国立公文書館蔵）

口絵①に対応する写真。一方が空襲中地上で、この方が上空からのものである。撮影時間は不明。米軍は予備的報告で、空襲中の写真は「only one」といっている。写真の左上には燃えている建物の区画らしきものが見えるが、それがどのあたりか特定できない。米軍も写真のロケーションは不明といっている。

【口絵４の解説】

米軍の損害評価報告No.130所収の岡山市街地空襲後の空撮写真（米国立公文書館蔵）

1945年７月５日の撮影。牛窓防空監視哨は、この日午前９時13分に、西から東へのB-29２機を捕捉している。撮影が朝であることは建物の影が西側にあるので明らかである。

写真の白い部分が焼失部分。学校のグラウンドや道路などは焼失に関係なく白く写っていることに留意。空襲前の５月13日撮影の写真とこれを重ねて線引きし、市街地の5.52km^2、63％破壊の損害評価をした。

口絵②の地上の図と対応する写真。

岡山空襲資料センター代表
日笠俊男 編・著

わたしと岡山大空襲

十代に語りつぐ1945.6.29

吉備人選書

はじめに

11歳の少年の記憶。あれはいったい何だったのか。なぜあのような悲劇が起きたのか。私にはあの岡山大空襲に強いこだわりがある。

岡山大空襲を忘れないでほしい。その思いばかりで本書をつくった。

第1部は、就実学園高校でのロング・ホームルーム（LHR）特設『岡山大空襲』の5年に及ぶ授業の記録。その4編を同校の文集『はぐるま』から借りて本書に収めた。本書でそれに新たな章節の題を補った。文意を整えるためいくつかの箇所の文の補正をした。つたない講話でいささか面はゆいが、拙授業のありのままである。

さてこの空襲授業。授業者の自己評価は70点。読者のみなさんは、はたして何点下さるか。70点の理由。本書の授業は、岡山大空襲の本格的調査研究を思いたって、自宅に岡山空襲資料センターをオープンしてのちのことであり、センターの取り組みの成果を反映させることができたことを評価した。センター以前にも何度か、いくつかの中・高校で「空襲授業」の機会があったが、その段階では、授業者は意図したつもりはないが、岡山大空襲の授業の落としどころは、被害の大きさ、悲惨さの一面の強調であったように思う。以前の授業には50点をつけている。

本書の授業の評価を別の角度から見る。評価が以前より高いのは、空襲の「記憶」と「記録」の混同を清算できているからである。以前には知らず知らずの混同があった。

空襲の「記憶」と「記録」。二つは似てはいるが本質を異にする。それは以下に述べるが、別々に切りはなしてしまっても問題が起きる。「記憶」があって「記録」がある。「記録」がなければ「授業」はないという関係。

「記憶」。それは、かけがえのない絶対的な存在。しかしそれには、その属性とも言える主観性と視野の狭さがある。またものごとの全容把握はできないし、それを志向することもない。一方の「記録」はものごとの全容把握をどこまでも志向する。でももし市民が「記憶」を何も語らなければ、この世に何もなかったことになり「記録」は空白となる。「記録」が空白では、認識の指導の「授業」は成立しない。その点で市民の「記憶」がどれほど大切なものかわかるだろう。

その大切な絶対的な存在の「記憶」を、虚構の発信源にしないで、肝心の資料（史料）として「記録」の中で生かす唯一の方法。それはよく吟味して扱うこと。徹底した「史料批判」による内容の相対化が必要である。そうした「史料操作」によってはじめて「記録」のたしかな事実を裏づけるものとして生きて輝いてくる。岡山空襲資料センターは、このような大切な市民の「記憶」やその他の歴史の資料（史料）をどこまでも収集せんとして設立されたのである。

第2部は、体験者の手記である。これまでにセンターが収集し手元においていた大切な資料であるが本書に収めた。市民の岡山大空襲の体験がどれほどのものか、丸ごと、心を開いて受けとめてほしい。手記は語り手の魂の記録。私どもはこれまで、たくさんの方々の魂と出会っている。その出会いがなければ拙センターの今はない。私どもは、ずっと魂の訴えることになんとか応えようとして生きてきた。私どもにとって手記は、ただの資料ではない。拙授業のなかで、魂の手記が肝心の資料（史料）として具体的にどの様に輝いているか見てほしい。そこでは当センターの力量が問われている。手記の解題はあとがきでさせていただく。

4編の授業記録は、年ごとに対象生徒が変わるので重複する部分があるが、その点はお許しいただきたい。しかし授業は、年ごとに生徒の問題関心に応じて、またセンターの調査研究の進展に応じて、空襲へのアプローチの視点を変えている。是非4編全部に目を通していただきたい。それにより当センターの到達点あるいは課題が、奈辺《なへん》にあるかわかっていただけると思う。センターは授業の将来の評価目標を90点に置いている。読者の忌たんのないご批正をお願いする。

わたしと岡山大空襲◎目次

はじめに

I　高等学校での空襲授業

Ⅱ　手記

I　高等学校での空襲授業

1　少年少女の戦争

2003年10月授業

銃後

ご紹介いただきました日笠です。70歳という歳までご紹介いただきましたが、私も少し前は皆さんと同じ年齢だったことはもちろんあるわけで、小さな卵からここまでたまたま生きてきましたから、こういう姿で皆さんにお目にかかれます。が、あの時58年前に、小学生や中学生や高校生の若い方が戦争でたくさん亡くなって、そのままものも言えないでいるということがあるわけです。一昨日中学校の2年生にお話ししたのですが、中学生というのは大人と変わらない。ほとんど少年や少女が戦争していたのです。もう高校生の年齢というのは完全に一人前ですね。戦地でも18歳、19歳の人が飛行機を操縦していた。

「銃後」という言葉がありますが、「銃後」では本当に中学2年生、3年生が工場なんかで主役で飛行機を造っていた。1944（昭和19）年戦争の終わる前の年の終わり頃ですが、天城中学2年生の中村富行君という生徒が、水島の飛行機工場で大きな爆撃機を造ることに従事していましてね。プロペラが回っているすでにできた飛行機にパラシュートを積み込もうとして、プロペラが頭に当たって脳みそがとんでしまった。14歳ですよ。天城中学では、学徒動員で亡くなったのはその一人だけですが、そういうことがあっちこっちにあったんですね。

空襲の日に亡くなったという人は物凄く多くて、例えば、一番爆撃中心点（照準点）に近い所にあった学校に深柢国民学校があります。その深柢国民学校は、学区の生徒がその空襲で行方不明も含めて全部で60名亡くなっているんです。岡山市に17の国民学校（現在の小学校）がありましたが、一番多く亡くなった学校ではそういうことだった。

御成町の戦災

私は岡山市の御成町、この地図では見えにくいですけれども、ちょっと説明する

1945年7月5日に米軍が撮影した
岡山市街地。○が就実高校

都合で掲げましたが、ここが一番岡山市の中心地、そういうことだけちょっと見て下さい。中心地のここを実はアメリカは照準点（爆撃中心点）にして爆弾を落としたのですね。

ここは就実学園（中学・高校）、今皆さんがいる所です。中心点から1キロの地点です。私の家はここです。ここから2キロ離れています。ちょうど朝日高等学校のすぐ近く、操山という有名な後楽園の借景になっている山の麓です。雰囲気が今も昔のままであり、町の郊外ですが中心点から2キロしか離れてないのですね。この場所にいて空襲を受けたんです。たまたまですね、運が悪かったんでしょうね。山裾にずっと点々と家があります。直撃弾が当たって、そこで焼けてしまったのです。

私は家の周りをうろうろして、結局この場所にいて家の焼け落ちるのを見たわけですけれども、その時は分からなかったのですが、私の逃げていた空き地のすぐ後ろの敷地で近所の方が3人亡くなっているんです。本当にすぐ後ろ。でもそういうことをずっと知らなかったのですが、調べていたらそういう事実があることが分かって、遺族の人にお会いできて話を聞きました。その人はちょうど皆さんよりもう少し小さい、女学生の一年生か二年生だった時にお母さんとお婆ちゃんと自分の妹をその場所で亡くした。御成町の本当にね、この場所でね。

その人の話を聞くと近くにどうも大きい方の焼夷弾が落ちた。それが爆発して、お婆ちゃんはもう全身火傷でその場所で死んでいた。すぐ前にあるお寺に運ばれた、全身火傷で。お母さんは腰に穴があいて、火傷をして生きておられて担架で三勲小学校へ運んだ。近くに三勲小学校（当時国民学校）があります。妹は3歳ぐらい、妹の年齢もはっきり分からない。いきなりもう孤児のようになってしまいましたから…。足がちぎれて、生きていたけれども、自分が抱いて、三勲小学校まで運んだ。途中で水が欲しいと言ったけれども、着いた時にはもう死んでいた。お母さんは、「熱い、熱い」と言っていたけれども、夕方4時に死んだ。そこで、次の日に行ってみたら、三勲小学校の教室に遺体が重ねられて、お母さんの遺体は下の方にあって見えなかった。何日も後に、国清寺で遺骨を渡すと言われて、行ったら、1箱に3人分だといって渡された。

こんなことが御成町、私のすぐ後ろであったのですね。調べなかったらそういうことが分からずにすんだのですが…。今たまたまその遺族の方は私よりちょっと上の年齢ですが、同じ御成町に住んでおられるんです。街中ではそんな話はいっぱいあるわけです。

そういうことがあって、私は岡山空襲資料センターを作って調べているわけです。自分がそんな体験をしても、あの時何でそんなことが起こったとか、一体これは何だったのか、全然分からない。だから体験だけいくら話しても皆さん分からないでしょうから、私自身そうだったので、私は一体何が起こったのか、その後、ずっとそれにこだわって調べることをやっていた。その調べて分かったことを今日ちょっとお話しします。ちょっとというのは、たくさんお話をすることがあって、一つのテーマで1時間ずつ、1カ月位続く位お話しすることがあるんです。その中の今日は一つ、二つ取り上げてお話をします。

弓之町、番町かいわいの戦災

今度は就実高校があるこの場所あたりのことをちょっとお話しします。見えにくいですが、黄色い円がここに描いてあるんですね。この黄色い円は、半径1・2キロ（4000フィート）の円です。円の中心が「爆撃中心点」と呼ばれる照準点です。アメリカは、ここに爆弾を落とすと、この黄色い半径1・2キロの円の中に弾は半分落ちると…。これは統計的に数学でいう確率的に、半分落ちるという法則があるみたいですね。パイロットの技術とかその他の色々な理由で、半分が40%になったり55%になったりするんですが、大雑把にいったら法則的に半分落ちる。確率誤差円と呼んでいます。

これはアメリカが岡山市街地の空撮写真の上に本当に書いてね。

「ここを狙って落とせ」

「円の中に半分。その周りに半分落ちる」

就実高校はその確率誤差円という1・2キロの円の中にある。このあたりは勿論、焼夷弾がたくさん落ちている。2キロの私自身の家でも、実際に近くに3回位落ちてきましたからね。3回というのは3機分の焼夷弾で、飛行機が通り過ぎて1回落としますね。それから2機目、3機目と通っているわけですね。田圃なんかに落ちているのは家が燃えてませんから、何か落ちなかったように見えるけど、たくさん落ちていると考えられる。弾の数で言ったら約10万発落としているんです、ここへ。

岡山は16万人の町で、ここに住んでいるのは10万人位です。しかし、そこへ10万発落としても、密度でいったらまだバラつきがあります。たくさん落ちる所と、少し隙間が空く所とね。だから15万発、20万発落としたらもう隙間なく落ちて、どこもかしこも焼けたでしょう。10万発だったらまだ落ちてない所があるんです。だから他所から火がきて燃え移らなかったら、落ちていない所は燃えないわけです。そういうのが点々とあるのです。

ちょうど、就実高校は偶然この北の所、ちょうど燃えなかった所と燃えた所との境界で、西側は燃えているけど、就実高校の所は燃えなかった。就実高校は木造だから、落ちたら必ず燃えているね。勿論少し落ちて消せば助かりますがね。だから、隣の弘西幼稚園は木造で燃えているのにこっちは燃えてないんだから、やっぱりあまり落ちなかったのでしょう。それは確率論の中の偶然性です。弘西小学校も焼け残ったんですが、これは鉄筋校舎だから焼け残っている。ここには落ちているんですよ。

その時の様子を書いて下さった人がいますからちょっと読んでみます。弘西小学校の入り口のすぐ南側に木造の幼稚園があった。弘西小学校は鉄筋の校舎だった。

そこの幼稚園の先生だった清須さんという方がおられまして、空襲が始まった時、南方に住んでいたんだけども、空襲が始まったら、女性の先生でもすぐ駆けつけることになっていたから、ここへ駆けつけた。そのお話を、こんなふうに書かれています。

「空襲の終わりに雨が降りましたが、雨があがってから焼けた町の中をずっと走って、駆けつけた。朝ね、そしたら大通りは昨日までとは一変し、道路はそのままだが、両側は焼け落ちた家の瓦礫が続き被災者の姿も見えず、梅雨のどんよりと曇った空の光は通い慣れた道なのに何か起こるのではないかと胸がどきどきし、足がすくみがちになった。番町の近くで無傷の家が点在し、ほっとして左に角を曲がった。その時、またも仰天して足がすくんだ」

電車の終点で、番町線がここの前を走ってまして、ちょうどその先が終点なんです。今はなくなっています。番町線の終点に車庫ではないんだけども、疎開の意味もあって、電車が東山車庫に全部集めてあったら被害を受けるから、分散していたみたいです。

「停めてあったのが燃えていた。電車の終点東山から分散していた2両の電車が真っ赤な炎を巻き上げて燃えていた」

2両と書かれていますが、前にお話を聞いたとき、この方は3両と言われています。記憶というのはそういうものです。だから2両か3両あったんですね。

「真っ赤な炎を上げて燃えていた」

多分電車に直撃弾が当たって、それが燃えていたんだ。

「熱気で道を歩く状況でなかったが、燃え盛る炎の向こうにいつもの学校が見えた。弘西小学校は焼け残っています。当時、幼稚園は小学校の校庭の一隅にあった。小学校は焼失を免れている。幼稚園は無事なのだと勝手な判断をして遠回りして園に向かった。ところが学校の裏も焼けた黒い木や見渡す限り瓦礫が原。私は何もかも灰になった園庭に呆然と立っていると、園長が来られ言葉も出ずにただ手を取って泣いた」

こういう体験をされたこの先生は、あとで小学校のほうへ行った。そこは焼け残りましたから、遺体が運ばれてきたりして救護所になるんですね。その姿を見てショックを受けるんですが、こういう状況だった。

たまたま番町に住んでいらっしゃる、あの当時、第六高等学校の水野さんという生徒さんが日記を残しておられまして、その日記に敵B—29岡山来襲の時の前後の様子というのをずっと書いておられるんです。ちょっと読んでみます。土地勘がないんで、一番町、二番町、三番町、こう並んでいるみたいですね。この方向です。道路を隔てた番町ですが、そこで空襲が始まったのに気がついて、こういうふうに言われています。

「小生、昨晩ズボンを洗っていたはずなので、父のズボンを借る。上着にジャンバーを着て下に降りると、予め荷造りしてあったリュック、トランク、行李、その他のものを少々持って皆で家の外にでた」そうすると、「六番町方面はもはや火の海である。爆音とともにシュー、ザーザーとしきりに落ちてきた」

焼夷弾が落ちてくる時には小さい方の焼夷弾はたくさんばらまかれますから、風を切る音がザーとするんです。それこそ、途切れなくザーと落ちてきて、地上で信管が働いてパンパンパンパンといって火の油が飛び出す。大きい方の焼夷弾は、もっと疎らに落ちますが、焼夷弾そのものが爆発しますからドーンという音がして油が散る。これは爆風も周りに飛び散りますが、小さい方の焼夷弾は、破裂しませんから火が飛び出すだけでパンパンという感じの音ですね。大きいのはドーンという音ですね。このザーというのをみんな聞いているんです。

「しきりに落ちてきた。このため前の弓之町方面もまた、すぐ火の海となった」

「父と二人でまた二階にあがり、荷物を少し投げ出した。その頃、脇本の家は洋館で家全体が炎で包まれており、太い火柱が天も焦がすばかり昇っていた」

実は私の家も、赤い屋根瓦でモルタルの2階建ての洋館だったんです。が、壁は最後まで残ったが、中が燃えてしまいガサガサッと崩れたんです。同じような状況だなと、これを読んで思いましたね。

「火柱が天も焦がすまで昇ってきた。そのため2階は非常に明るく少し熱く感じた。父と茶びつや小生の写真帳を窓より放りだしました。ミシンを父と2人で持っておりようとしたが危ないので『早く逃げよう』と言ってまた下に降りる」

ちょっと飛ばしますが、時間がないからね。

「四番町の大倉や伊藤という家は焼夷弾が落ちていないようだった。憲兵（本校の東側に憲兵隊の本部があった）のところまでくると、憲兵隊が『早く逃げよ、早く川へ行け』といったので、上出石の所へゆき、河本の所から川へ出た」

旭川へこの人は出たんですね。憲兵隊は「早く逃げよ」というふうに言っているんです。

が、別の場所では逃げている男の人を馬に乗ってきた軍人が「逃げるとは何ごとだ。男は帰って火を消せ」と言われている人もいるんです。だから憲兵にもいろいろあるし、兵隊にもいろいろおってです。ひとつの例であって、みんな何処でも軍隊はこういうふうな態度をとったんだというようなことはなかったみたいですね。ここの憲兵は「早く逃げろー」と。

さっきの清須さんなんかは、岡山大学に兵舎があって、そこから来た軍人が「男は帰れ」と言ったけれども、それを聞かずに皆逃げたと語られていますね。また旭川の土手の近くで「帰れー」と言われて帰らされたという人もいたりします。「頭の上で爆音がし、ザーッと音がして、目の上に落ちてきた。これは川の中に落ち、しきりに燃えていた」という状況だったんですね。

その中で、たまたま就実高校は木造の校舎だったけれども焼け残ったんですね。隣の憲兵隊も焼け残ったはずなんだけど、実は私が自分できちっと地元で調べてませんから分からなくなっているんです。アメリカが撮った写真を見ると、少し広場があって焼けているようには見えないんですね。それで私は焼け残ったと思っているんですけれども、焼けたという人もいるので、できたら調べて欲しいです。

いずれにしても、この地域はきわまで焼けて、逆にこの就実高校から北の部分がずっと焼け残っている。焼けたところと焼けなかったところの境なんですね。後で写真を置いときますからまた見せてもらって下さい。

米軍は、岡山の街を破壊するというはっきりとした目的を持って焼いている。だからすぐ後、一週間後にはそれが成功したかどうか飛んできて調べているのです。もし破壊されていなかったら、もう1回空襲するということがありますから。

これは7月5日に写した写真（口絵4参照）です。こういう写真は朝来て撮るんです。どこからも煙が出てません。完全に焼けてしまって、煙のでているところなんかないんです。これで非常にはっきり、弘西小学校が焼け残って就実の学校のところも焼け残って、確かに憲兵隊のところはちょっと白くなっているんですね。グラウンドなんかが白く映る。焼けたところが白くなるんです。完全に就実高校から上出石の方に向かって、焼け残っているんですね。2キロ離れた御成町が80％焼けているんですが、この地域は丁度100％焼け残っているんです。焼夷弾が落ちなかったし、隣から火が襲ってこなかった地域に偶然なっているんです。

また資料がひとつありまして、弘西小学校の場合焼け残っていますから、偶然就実高校と同じように弾が落ちなかったようにみえますが、そうではなかった。弘西小学校に当時勤めておられた先生の、その記憶がきちんと証言の形で、岡山市史の『戦災復興編』に残っているんです。それを読んでみます。市史に載っていたりするのは誰かひとりの人が言ったことがパッと載るということもありますが、私の場合は、何が基になって書かれているのかということを調べていきます。この市史に載っている基になるもの、すなわち書かれた先生の原稿が図書館に保存されていました。現職の人で、その時に目撃したりしたことをちゃんと報告した。それが市史に載っているんです。

もうひとつ、弘西小学校の様子を周りの地域にいる町内の方々が語っているいくつかの記録があるんです。これは、すぐ近くだけれども、そこに起こっていることを、こっちから見て、そういうふうに思っているということであって、事実とだいぶ離れていることもあるんですね。だから、町内の人は「弘西小学校の屋上で火を見た」ということを書いていますが、そこにいた先生の話を見たら、それはたまたま一致していて屋上に一発落ちているんです。この大きい方が。後でもう一ぺんちゃんとさしあげて見せますけれども、これが屋上に落ちているんですね。屋上は鉄筋の建物であり、焼夷弾は鉄筋構造物を破壊するほどの力はないんです。破裂しますけれども、爆弾と違って薄い鉄板でできたものですから、鉄筋でも弱いものは別ですけれども破壊する力がなくて、燃えてすんだら終わっているんです。

「弘西国民学校、校長が○○○・教職員二十五名・児童数千百六十名・学級数二十二」と関係ないけどこう書いている。「五発の大型焼夷弾が落下した（小型焼夷弾の落下は無数であった）」「その一弾は屋上に、一弾は南館の三階の教室の南回転窓上部に命中」非常に正確に書いていますね。

「それでコンクリートの壁の一部、窓枠を破壊した。また一弾は裏校舎の柱の根本で爆発したが、宿直者の奮闘により消し止め大事に至らなかった。これは外側ですよ。他の一弾は不発」「残る一弾によって木造の弘西幼稚園は一瞬のうちに焼失してしまった」

5発の大型焼夷弾落下でしょう。一弾は屋上に、一弾は南館3階教室の南回転窓上部に命中しコンクリートの壁の一部、窓枠を破壊した。また一弾は裏の校舎の柱の根で爆発した。他の一弾は不発。残る一弾によって木造の弘西幼稚園が。5発です。何でこんなことを言ったかといいますと、これは偶然たまたま5発落ちたと思うでしょうが…。

焼夷弾

ちょっと、焼夷弾のことを、話の都合で先にしてしまいますと、その時アメリカは岡山の町には焼夷弾だけ使った。普通の爆弾は一切使わなかった。焼夷弾だけ2種類使った。この2種類の実物をこれから見せます。2種類のうち一種類は小型、もう1種類が大きいやつですね。

大きいやつは、B—29という大きな飛行機の弾倉に積む時に6発単位でセットしているんです。だからひとセット分がちょうどこの近くに落ちたんだということが予想されるんですよ、5発というのは。これは私の想像ですよ。もう1発は電車に直撃して、電車が燃えたように思ったりするんです。これは私が勝手に思っているんで、そういうことが事実かどうかを確かめなければ、本当のことは言えませんよ。だけど、とにかく6発が割合近くに落ちるんですよ。次のセットの6発はちょっと離れた所に落ちる。米軍は、この大きい方は何メートル間隔で落ちる、小さい方は

岡山大空襲で使われた焼夷弾の実物を示しながら
（授業での一コマ）

何メートル間隔で落ちる、ということをきちっと決めてやっているんですね。だから全体を調べていくと6発落ちていたということがあっちこっちあってね。

もう少し焼夷弾の話をしますと、飛んできたB—29の先にくる飛行機がこの大型を積んだんです。これが大型と呼ばれた百ポンド油脂焼夷弾の実物です。不発弾でね。なかの油は抜いています。実は隣の弘西小学校から先達て破片がでてきた。それはこの焼夷弾のこの先についてる信管です。信管だけど、なんか鉄の塊みたいにみえて、発掘現場では何か分からんから置いていたんだけども、調べてみたら大型の方の信管。

余談ですが、信管には、プロペラがついててね。それが何回転かして落ちてくる間に、セットされて地上で爆発するんです。羽がついている部分は何回転したらということがきちっと決まっていますから、錆びたりしたら働きませんからね。何ともびっくりしましたよ。60年目に出てきたんでしょう、土の中から。それなのにその部分の金属は、ちょっと分かりませんが、チタンか何かの合金で錆びにくい金属でね、それを撫でたら焼夷弾の信管の制式記号がちゃんと書いてあるんです。「AN-M126A1」と読めるんです、全部。「AN-M47A2」の弾頭信管だということがちゃんと読めるんです。60年砂に埋まってても錆びてないんです。だから、たったこの一発のこの焼夷弾は、人を殺すため、町を焼くために非常に精巧なお金の掛かったものを付けてあるんですね。この焼夷弾は大雑把にいいますが約1万2000発落とした、だからそういう信管が1万2000個あっちこっちに転がっていてもいいのですが、全国でも保存されているものがほとんどないのです。

実は岡山で津島グラウンドから1つでてきて、2つ目がここからでてきた。たまたま私がいて、こんな話自慢じゃあないんだけれども、「こういう焼夷弾の信管だよ」と説明したから保存されることになったので、発掘現場の人は分からないからね。放っておいて分からないままにしたら何か分からんからそのままになってしまうんだけど、こんどはきちんと「これはこういう信管だよ。アメリカの記録のこうなっている、ここだよ」という説明をした。

こんどは発掘報告書にきちんとそれが載りますからね。それで、こんどは他所ででてきたら、これは信管だといって、実物資料が保存される。これはもう動かし難い事実ですから、きちんと本当のことを語る出発点になるんですね。実物がないと、あやふやなことがずっと伝わっていきますから、実物資料が大事なんですよ。私のところのセンターでは、実はそういう仕事をしようとして、今資料を集めて、その資料の説明がきちんとできるように努力をしている。話が飛びましたが、この焼夷弾は100ポンド（50キロ）の焼夷弾であり、中にはドローとしたナパームという油脂だけが入っている。それをおよそ1万2000発を落としているんですね。

小型の方の焼夷弾は、10ポンドで円筒で、こっちが頭、頭だけ六角形になっています。本体は円筒です。これに実は金属の尾翼が付いている。尾翼がピュッと飛び出して落ちてくる。その時の風を切る音がザーという音だったんだね。

実は、一種類目を先に落とすというのは、ドーンと落としてあっちこっち火がでますね。そうすると、後からくる飛行機はその火を目印にして自分が狙うべきところが何処だということを見つけて、次に飛んでくる。だから、これは消火活動を妨げて火事をおこさせるという目的と同時に、後からの飛行機の目印のために大きいやつをドーンと落とす。

最後まで大きいやつを落としたら、やっぱり持ってくる数が少なくなりますね。疎らになりますから、小さいやつを今度はバーと落とすようにしないと、焼けないということですね。小さいやつを組み合わせるのです。

大型は1万2000発ですけれども、小型は、実は38本束にしたものを落とすんです。そこで、それがばらけたら、38本になる。こういうものを二千数百発積んできて、だから二千数百かける38の数ですね。両方合計したら、計算して下さいね。合計したら約9万5000。大雑把に10万発。それでもさっき言ったように、この街の広さに10万発だったら、着弾密度の薄い所がある。だから、ここの内山下国民学校と、その前の木造の西手櫓というお城の一部、それから、禁酒会館という木造の建物が、焼け残っています。この場所でね。

岡山城は一中の校舎と一緒に全焼しましたけれども、その近くでも焼け残った所があるんですね。外へいくに従って密度が薄くなる。それで、ここから5キロ離れた今の倉敷レーヨンは研究所だけ焼けました。10キロ離れた藤田村にも何軒か家が焼けているんです。爆撃中心点の一点を狙っても、パイロットの質が悪いのか、的に命中しないです。時々は10キロ離れた所に落ちたりしているんですね。この2キロの円の中だとたくさん落ちている。そういう感じなんです。この街に住んでいる人は、一ぺんにいたるところへ落ちますからどこへ行っても周りが火の海に囲まれたように見えたんです。

「自分が狙われた」「向こうは意地が悪いぞ」「周りにわざと先に落として火の輪を作って、逃げ道を塞いでから攻撃したんだ」というふうに何処の街でも言われている。東京でも、神戸でも、岡山のような小さな都市でも、周りを火で囲んで逃げられないようにして落とした。実はそういうやり方はしてないんです。爆撃中心点の一点を目印にしてみんな落とした。

私が実際の経験で自宅に居て周りがみな真っ赤でしたから、火に囲まれているように見えたんですね。それぐらいたくさん一ぺんにあちこちに落ちてきたんです。だから、気が付いて逃げだしたら、昔の城下町の名残で狭い道路の岡山ではほとんどが木造ですので、1〜2メートルの道路の間の両側が燃えたら、その中を走っていっても、10メートルも走れば両方の火であぶられて、そのまま倒れてしまう。そんなふうにして、地獄の火の海の状況ができて、2000人を超える人々が亡くなったんですね。

岡山医科大学というのがここにありました。岡山医科大学はちょうど円の外ですが、建物の木造の辺りは焼けて、鉄筋の部分は残ったんです。そういうこともあって、被害者、怪我をした人がその日殺到したんです。1週間位何千人という人がこ

（山陽新聞　2003年６月23日）

額田さんが岡山空襲を描いたスケッチ

一九四五年六月二十九日未明の岡山空襲で、燃え上がる市街地を描いた

さん

資料」と話している。

スケッチ（縦約十五㌢、横約二十㌢）は、空襲の

描いた岡山空襲

実態伝える貴重な資料

「岡山空襲を語り継ぐために役立ててほしい」と話す額田さん

下される焼夷弾《しょうい》や、白煙がとらえられている。

描いたのは、当時岡山一女（現・操山高）四年の十五歳で、本格的に絵を学んでいた額田昭子さん(七三)=岡山市門田文化町。合宿施設で就寝中、「空襲だ」という声で跳び起き、無我夢中でスケッチした。描いた後は岡山城が焼け落ちる姿をぼうぜんと見詰め、涙を流したという。「花火のように炎を噴いて焼夷弾が落ちてくるザーという音

助けになるなら」と寄託を思い立った。

日笠代表によると、空襲の写真は、岡山市が不鮮明な写真を一枚所有するのみ。「スケッチは岡山城の焼失前で、空襲の早い段階。広範囲に焼夷弾が投下されて各地で一斉に火が上がったとの体験者の証言と一致し、実態解明に役立つ有力な手がかり」と話している。

15歳の少女が残したスケッチ（口絵参照）

こへ駆けつけたんですね。いろいろな科がありましたが、皮膚泌尿器科で治療したカルテ（診断書）が1週間分全部残っていたんです。それを見ましたらドイツ語で書いてありました。ドイツ語の辞書を引いたりドイツ語のわかる人に教えてもらって訳して、小さなパンフレットも作りましたが、全員火傷です。小さな子供からおじいさんに至るまで火傷です。

「ここを火傷した」「あそこを火傷した」「お婆ちゃんが背中に孫を負って、西川の中に入ったんだけど、気が付いてみたら孫が火傷をしていた」とかね。なかには、「火がついた他所の子供が『お母ちゃん』といって抱きついてきて、その知らない子を抱きかかえて川まで入ったが、その子のせいで自分が火傷をした」ということもあるんです。

そういった地獄の火の海という状況のはじまりを、ひとりの少女がそのときちょうど5キロ離れた所で見ていて、スケッチを残しているんです。新聞に載ったこれですね。5キロ離れた場所から空襲が始まった時の状態を、冷静な目で15歳の少女がスケッチを残してたんです。これが火の海ですね。お城がここで、操山辺りがこっちですね。最初から、まだお城が燃える前からもう全体が火の海になっている。こういう様子が描き留められています。

なぜ岡山が空襲されたのか

問題はどういうことでこの爆撃がされたのか、なぜ小さな16万人の岡山市が攻撃されたのかということですが、実は日本は戦争してたんですね。少年まで戦争していて、敵をやっつけるんだといってやっているでしょう。岡山の街は、本当にもう学校なんかは中学は授業していませんから、工場に行っていたり、軍事物資を作ったり手伝いをしているんです。工場で飛行機を造りにいったり、みんなでしているわけです。

そういう時に、アメリカはもともと日本が始めた戦争、先に日本がしかけてきた戦争だから、日本が参ったと言わなければ徹底的にやっつけるということでね。最後の段階がきて、沖縄も占領した。それでもまだ参ったと言わない。ポツダム宣言を出してもまだ参ったと言わない。そういうふうな状況の中で、岡山のような小さな都市も全部焼くんだという方針を決めているんです。

東京からずっと焼いていって、小さな都市が残ります。１８０の都市を並べて、これだけやっつけますと決めているんです。１８０の都市のトップは東京で一番最後が熱海の町、岡山県はその中で４つ入っているんですが、岡山は31番目にあった。あとが倉敷と津山と玉野です。全部人口３万人台ですね。３万人の町も焼くと。

実際は、戦争が終わって焼けずにすみました。が、アメリカは「岡山より小さな町でも、戦争を続ける力が少しでもあるんだったら見逃さない、あるいは、無傷でいられない。岡山より小さな町の住民が自分たちの未来は灰色だと思っているのなら、この空襲はそれを真っ黒にするであろう」と。

直訳すると、「黒のペンキを付け加えるだろう」というふうに言っているんです。だから、『もう参った』といわなければどんな小さな町でも見逃さないぞ」と言って、岡山をやる。徹底的に。だから、原爆と同じです。

原爆は一点に一発でよかったんです。広島の場合はやっぱり円が描いてありますが、「その円の中は全部破壊されるだろう。」というふうに言ってるんです。岡山は焼夷弾だから一点に10万発。

このあたりの話をして終わりますが、そういうことだったんです。小さな町でも見逃さない、と。倉敷も実はもう少ししたら空襲されるという状態だったんですが、

8月15日がきて焼けなかった。倉敷も焼く準備をしてて、その資料が見つかったので、この夏発表しました。読売新聞が取り上げたと思いますが、3万人の人口の倉敷も焼かれる予定だったのですよ。美術館があるから焼かれなかったのではないのです。そういうことだったんです。広島の破壊率は、原爆ですから中身は違いますよ。だけど原爆一発と焼夷弾10万発とは同じなんです。中身は違いますよ。人間を殺したり、焼夷弾の破壊性とは、比べられない位大きいし、たった1機の飛行機の1発でそうなる。こちらは138機の巨大なB—29が10万発持ってきて、6割焼けるという違いがありますが、考え方は一緒だったんですね。

日本が始めた戦争です。「参った」と言わない限りは徹底的にやるというのが戦争だったんですね。2000人亡くなりましたが、戦争は一方的にやられるということはない。戦っているわけですから、アメリカもこの時に実はB—29が1機落ちたんです。児島半島に1機落ちて11人亡くなりました。岡山空襲に約2000人の兵隊が参加しているんですが、2000人殺されているんですけれども、向こうは11人の損害だった。11人だけれども、とにかく、むこうにも損害がでている。これが戦争です。そういうことだったんです。まだ話したいことがいっぱいあるんですけども、時間がないので終わります。

（２００３年10月実施＝高二人権教育ＬＨＲにおいて）

▼コラム　岡山大空襲２種類の焼夷弾の標本

爆弾型の方が当時地元で「大型」あるいは「50キロ爆弾」と呼ばれていたもの。米軍制式記号 AN-M47A2、100ポンド油脂焼夷弾。寸法は尾翼の部分と信管の部分をのぞいて約100センチ。太さ径約20センチ。約を付したのは標本計測の際、計測の仕方により差が生じているからである。この「大型」の標本は不発弾のため本体の形がそのまま残っている。内部の油脂や炸薬筒は信管とともに抜かれている。しかし地上に横向きにへたな着地をしたため体がつぶれている状態が見える。

「小型」の方は M74、10ポンド黄燐・油脂焼夷弾。長さ約50センチ。太さ約７センチ。弾頭部のみ６角形。本体は円筒。標本は不発弾ではないが尾翼は元に戻してある。それが見える。この M74 は集束焼夷弾 E48に19本ずつ２段の計38発が集束されている。

米軍は AN-M47A2を12,602発。E48を2,187発投下したと記録している。M74の数は83,106発（2187×38）であるから２種類を合わせると約95,000発が16万岡山市民の上に落ちてきたのである。

（筆者撮影）

▼コラム　バスタブに落ちた焼夷弾 M74の図

岡山市国富に住んでいた、当時中学４年生の八木富士雄さんが、自宅のバスタブに落ちた焼夷弾 M74のディティルを正確に写して日記にのこしている。左側のものが M74独特の金属の尾翼。弾尾から飛び出たものがスケッチされている。（上下逆）左側がM74の本体筒。上が弾尾。下が弾頭。真中のものは何の破片か現在特定不能。

M74は地上で信管が作用して内部の点火した焼夷剤を放出させても、本体筒は燃えたり破裂したりしないので不発弾でなくても外面の塗装の緑灰色も、各種のシンボルのレタリングもそのまま見える。M74のシンボルの上にある「PT１」は、内部の油脂（ゼリー状ガソリン）の種類を表す制式記号。M74の油脂に関しては「PT１」と「NP」の二つがある（添加剤の種類の差）。このM74がその一方の「PT１」の方であることがわかる。「NP」の投下事例は今日までみつけていない。ちなみに100ポンドの方の油脂には「NP」が使用されている。

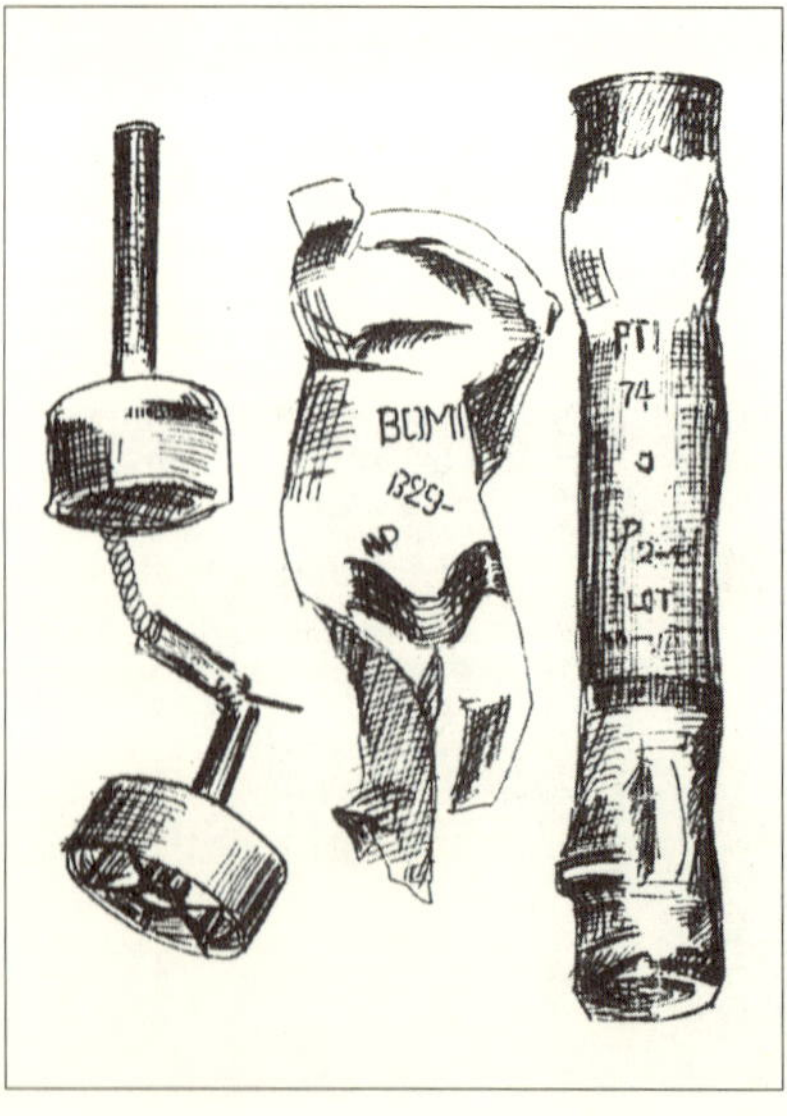

2　記憶と記録

2005年９月授業

少年の60年前の体験

こんにちは、あまり長い時間がないので、いきなり本論にはいります。ご紹介がありましたように、60年前、私は国民学校に通っていました。つまり今の小学校ですね、国民学校の６年生、満年齢で11歳、もう少しで誕生日がきて12歳という時でした。それから60年、今は71歳です。60年たつとこんなになるのです。

今日、岡山空襲の話をするのですが、60年前の話、皆さんからいったら、随分前の話です。私が生まれた時から60年さかのぼると、ほとんど江戸時代近くになってしまうのです。そのくらい昔の話だから、岡山に空襲があって、岡山が丸焼けになって、２０００人の人が死んだということを、若い人は知らなかったりします。ですから今日お話をして、どんなふうに受け止めてもらえるかわかりませんが、いきなり本論からお話しします。

(1) 1945年6月29日午前2時43分

60年前の6月29日午前2時43分、これはアメリカ軍の記録で、午前2時43分に第一弾を落としたと、きちんと記録しています。空襲がはじまったのが午前2時43分、地元でもぱっと目がさめて時計を見た人もいるのですが、一般の市民の記憶は、午前2時ごろであった、いや午前3時ごろであった、もっと早くて午前1時ごろだったと、色々なことを言っています。

敵機が侵入してくるのを24時間監視している監視哨《かんししょう》が岡山県下各地にありまして、その中で、牛窓にある監視哨の記録が残っているのです。記録が残っているところは少ないのですが、その監視哨の哨長さんが、この日、敵機の侵入をキャッチして、すぐに防空本部に連絡しているのです。そこから20キロ西の岡山が空襲されている状況をとらえています。

第一弾には照明弾が含まれていました。写真を撮る時のフォトフラッシュのような、大きな照明弾を落としますので、牛窓からそれが見えているのです。その時刻がきちんと午前2時44分と記録されているのです。照明弾は落ちてしばらくして落下傘（パラシュート）が開いて、照明がはじまるので、落ちてしばらくして光が見えますから、44分というのは、米軍が43分と記録しているのと、ぴたっと一致するわけです。

それから84分間、アメリカのB—29という巨大な爆撃機が次々に侵入して、岡山に爆弾を落として、通り過ぎてゆく。84分間に138機が、2種類の焼夷弾を個別の数にすると約9万5000発落としたのです。その2種類の焼夷弾の実物をここに持ってきましたので見て下さい（29ページ参照）。

これが大きいほうです。「大型」は爆弾型をしていますが、この中にガソリンをゼリー状にしたいわゆる油脂がはいっています。ナパームと呼ばれています。こちらの「小型」はナパームと、猛毒の黄燐を入れています。消火活動をさまたげるために黄燐を入れていたのです。この2種類を落としました。

「大型」を落とすのは、最初にこれを落とすことでドーンと爆発しますから、そこを火の海にして、消火活動をさまたげる。そしてあちこちに火災をおこさせる、後から来る飛行機は、その火災がおこっているところが、ちょうど狙うべきところだというのがわかりますから、そこに近づいていって、あとからもっときめ細かく小型焼夷弾を落とすのです。

「大型」だけだったら、まばらにしか落とせませんから、「小型」で密度をきめ細かく落とすのです。この「小型」は38発ずつ束にしている。束にしたのを落として、途中で束がはじけて、一つの束から38本が落ちてくるのです。これが落ちてくる時に「ザー」と音がする。地上に落ちたら中の信管が働いて、中の黄燐と油脂それぞれに火がついて飛び出す。本体は爆発しませんから、このまま転がっている。

ちょっとよく見てください。本体は円筒です。中に信管があります。6年生の私も、家の近くにこのようなのがいっぱい転がっているのを見ているのです。こちらは、爆発しますからそのままの形で残っていませんが、不発弾が多くて、このままの形で転がっていたものを見ています。頭に信管がついていて、それを触ると爆発するのです。触った人で死んだ人もいます。爆発すると裂けて破片になって飛び散って、中の油脂が飛び出すのです。

「大型」は全部で1万2602発落としたとアメリカ軍は記録しています。「小型」は集束弾2千数百発かける38で、全部で8万いくらになり、両方合計すると9万5000発ということになります。それであっという間に岡山はいたるところが火の海になって、約2000人の人が亡くなったのです。

(2) 恐ろしいB―29

その時に私は操山のふもと御成町で焼夷弾の被害にあって、逃げ惑っているのです。とにかく直撃されなかったので、今生きているのです。私の町内でも、私の逃げた敷地のすぐ後ろで、親子3人が亡くなっているのです。山の麓なのですよ。山麓の墓地の中で、3人が亡くなっているのです。私はたまたま直撃されませんでしたから生きているのですが、家は焼かれました。問題はそういう体験をして後で思うのですが、怖かったとか色々ありますが、いくら体験しても、あの時何が起こったのかということはわからないのです。そして、なんでさほど大きくない岡山の町が空襲されたのかがわからなかったのです。

体験というのは非常に視野が狭く、自分が見ていることがどういう事実なのかがわからない。たとえばB―29を見た人が（私は見ていませんが）、B―29が非常に大きかったという人がいますし、いや小さく見えたという人もいるし、大きく見えた人でも両手を広げたぐらいあったという人もいます。しかしアメリカの記録を見てみますと、爆撃高度は約4000メートルです。今、皆さん4000メートル上空を飛んでいる飛行機を見て下さい。そんなに大きくは見えません。だけど見た人の心理でいうと、それが非常に大きく今まで見たこともないように大きく見えたのです。怖かったから、よけい大きく見えたと思うのです。

操山のふもとに住んでいると、よくムカデがでるのです。家人はムカデとか虫が嫌いなので、夜中にムカデが出るとびっくりして大騒ぎになるのですが、あとで「こんなに大きなムカデだった」と言うのです。私が捕まえてみたら、この程度の大きさであった、ということになるのです、それと同じことではないかもしれませんが、客観的にはそんなに大きくは見えなかった。

もちろん色々な人の証言で非常に大きなB—29を見たということがでてきたら、その時4000メートルの上空を飛んできているのだけれど何かの理由で低く降りてきたということも考えてみなければいけません。しかし、岡山空襲の際には墜落機のことは別ですが、たくさんの人の証言を聞いてみても、低く特別に降りてきた飛行機はなかったみたいですね。

このように、きちんと調べてみなければ事実かどうかはわからないわけです。私は退職してから時間ができましたので、一体確かな事実は何かということを、調べるということをやっているわけです。今日お話しすることは、調べた結果を皆さんにお話しするのです。体験したことも少々加わっていますが、調べたことを中心にお話しするのです。また、どのようにして確かな事実をつきとめてゆくのかという方法のようなことをお話しします。

世の中のことを色々と勉強する時に、新聞に書いていることを本当のことだと思い込むと間違います。新聞には上っ面しか書いていない、その上間違ったことが書いてあったり、あるいは肝心なことを書かずに、端々のことしか書いていなかったりしますから、はっきりした事実をつかむのは新聞を読んだだけではだめなのです。自分で色々と調べなければいけない。その調べる時の方法、私がどのようにしてやったのかということをお話ししていきますので聞いて下さい。そして、その中で、岡山空襲がどのようなものであったのかということを聞いていただけたらと思います。

記憶と記録

(1) 2000人を超える死者

たとえば、先ほど私は死者が2000人と言いました。しかし、今まで記録では、岡山空襲でどのくらいの犠牲者がでたのかということは、色々な記録にでてきているのですが、一番多くでているのが、新聞もそうですが、1737人という数字がある。ところが1737人というように一の位の端数まであらわされている。このように表現できるのであれば、亡くなった方のお名前が全部きちんとわかっていなければ、このように言えませんね。そうでしょう。

しかし岡山空襲ではどなたが亡くなったのか、どのような人生を送った方がどのようにして亡くなったのかということをきちんと記録したものがないのです。ほんの一部お名前が残っています。私が色々探して、およそ500人の方のお名前はわかりました。しかし名簿は残っていないのです。だから1737人亡くなったというのは、嘘と言えば語弊がありますが、実際の客観的な事実とは言えないのです。当時、どなたが亡くなったのかという報告が警察にいきます。警察は、死亡検案書を書きます。毎日毎日の記録をずっと積み重ねていきまして、それは残っていたのです。空襲があってから40日目に警察が把握した数字が1737人という数字なのです。そういうデータ、数字だけが残っているのです。ところが名簿のほうは無くなってしまって無いのです。

だから1737人というのが嘘の数字というのではなく、40日目の記録ということであって、本当にはどのくらいの人が亡くなったのかというのは、また別の問題なのです。なぜかというと、この時に行方不明者の数字ははいっていません。空襲の場合は、いまだに行方不明のままで、いまだに生きていることになっている人がいます。遺体が見つかっていないという人もたくさんいるのです。たとえば阪神・淡路大地震の場合は、行方不明者の数は、日にちがたてば、戦争中の混乱ではありませんから、次第にゼロに近づいていきます。

しかし逆に1年たってくると、関連死、その時すぐに直接的に亡くなったのではないけれど、震災のせいで亡くなった方がだんだん増えてきて、1年経ったときには、約2割死者数が増えてきています。だから岡山空襲でも行方不明者、関連死者数を加えたら、私が色々なデータで計算してみたら、間違いなく2000人を超える方が亡くなったということが、はっきりしているのです。しかし２０００人の名簿ができていませんから、２０００人というのはいい加減な数字に思われるかもしれませんが、しかし、根拠をちゃんと持って計算したら、２０００人のほうが真実に近い数字だと私は思っています。裏付けとして名簿が存在するのが一番いいのですが、それはまだ完成していません。

名簿をつくるということは数合わせでやることではなく、どなたが亡くなったのかということを、事実としてきちんと記録することが、死者の尊厳を守ることでもあります。

またきちんと記録することなく、あの時の戦争の反省はできないと思いますので、どなたが亡くなったのかということは、一人でも二人でもわかったら、きっちりと記録を残す、そのようなことが必要ですね。それで、亡くなった方のお名前を石碑に刻んだり、皆の目で見られるようにするということが、亡くなった方を弔うことになる。だから名簿をつくる必要があると言っているのです。決して数合わせのためではないのです。だから２０００人という方が亡くなっていますが、まだ名簿がつくられていないということを知っておいて下さい。

(2) 米軍の犠牲は11人

岡山空襲の時、B—29が1機墜落したのですが、11人の兵士が亡くなっています。11人亡くなったということはわかっていたのですが、お名前がなかなかわかりませんでした。アメリカの資料を調べてゆくと、11人のお名前がわかったのです。

それで、私は5年ほど前に『B—29墜落　甲浦村1945年6月29日』という本を書きました。お名前がはっきりとわかったから、はじめてB—29の墜落の事実をきちんと記録する気持ちになって本を書いたのです。でもその時はお名前だけで、どこの出身の、何歳の青年だったのかというようなことがわかりませんでした。

たまたま英語のよくできる、若い新聞記者がいまして、その人が協力してくれてアメリカ側に色々問い合わせて、11人のうちの1人の人について、出身地とか年齢とかがわかる資料が届きました。それを見たら、4人兄弟の末っ子で、ちょうど20歳になったばっかりの青年でした。敵側の犠牲者も11人いて、わかるのは名前だけ、1人については色々わかったけれども、残りの10人についてわかるのは名前だけということで、これも完成していないのです。戦争があって人が死なないのならば戦争があってもかまわないということになりますが、だけれども人が死ぬ、だから戦争はあってはいけないわけです。一番に死者の数のことを言いました。

(3) 岡山空襲の日の雪

岡山空襲は6月29日、梅雨の季節ですね。ある時、私のところに80歳くらいの女性の方が、空襲のことで私を訪ねてこられまして、色々とお話をする機会がありました。その方が、真顔で「岡山空襲の時は雪が降っていたのですよ」と言われるのです。6月29日だから、私はすぐにまさかと思い、この方はお年のせいで記憶違いをされているとふっと思ったのです。しかしずっとお話を聞いてみましたら、話の内容に真実性があるのです。実はこうだったのです。

その方は、岡山空襲と言われていました。実は岡山が最初に空襲されたのは、3月6日だったのです。(旧都窪郡庄村、加茂村、山手村の境界付近被弾)1機のB—29によって、焼夷弾でなくて、爆弾を落とされる空襲があったのです。その女性は6月29日の空襲も体験されていて、何十年もたって私に話をする時に、3月6日のぼんやりとした体験と6月29日の空襲が重なってしまったのです。そのことがずっと聞いている中でわかったのです。

岡山南部に現在倉敷レーヨンという大きな工場があります。ご存知ですか。「クラレ」ですね、旭川の河口のところです。そこで、大戦末期に海軍の飛行機をつくっていたのです。翼を木製にした機でした。その隣に「タチカワ飛行機」という大きな工場があって、そこは陸軍の飛行機をつくった。当時、岡山には飛行機組み立て工場が2つあったのです。できたばかりの工場で、たくさんの飛行機はつくっていません。

その女性は、「タチカワ飛行機」で女性の運転手をしていたのです。女性が運転手をしているというのは、今風に表現すると「ナウい」ということになるのですが、当時男性は戦場にでかけていきます。男性が足りなくなるので、あとは女性が動員され補っているのです。だからこの工場でも男性はいましたが、運転手は女性でもできるということで、彼女は女性のドライバーをしていたのです。

そして、工場には軍人の監督官がいて、この軍人のお抱え運転手でした。その仕事をしている時に、たまたま工場の部品を郡部のほうで作っているので、その軍人といっしょに部品をとりにゆくために高梁川を越えた西のほうにでかけて、帰りがけにエンジンがオーバーヒートして、高梁川の土手の下でエンストしてしまいました。

自動車は、ガソリンがないので木炭自動車です。自動車の後ろにタンクをつけて木炭（まき）を不完全燃焼させてガスを発生させ、それをエンジンに導いて走る、それがエンストして高梁川の土手の下で動かない。それが夜中の12時過ぎでした。土手には雪が積もっていたので、その雪をとって自動車のエンジンを冷やしたというのです。

その話を聞いて、これは6月29日ではなく、3月6日のことを言っているのだということが推察できました。3月6日の空襲では、実際の爆撃はあったのですが、警戒警報しかでなかったのです。6月29日の空襲の時も、警報が出る前に空襲がはじまってしまったのです。爆撃があったのに空襲警報がでなかったという点では同じだったのです。だから、その方は空襲警報がでなかったということをおっしゃりながら、雪のことも言い、おそらく2つの空襲がいっしょになったのでしょう。

しかし、私が推測で3月6日のことと決めてしまうわけにはいかないので、3月

6日に本当に雪が降っていたのかどうかを調べる必要があります。雪が降っていたかどうかをどうやって調べますか。それは気象台に記録があるはずです。そこですぐに岡山の気象台にゆきました、岡山気象台は空襲で焼けているのです。資料も焼けているかもしれないと思いましたが、行ってみると、空襲の時に観測記録を持ち出していたのです。

倉庫資料室の中を探すとその時期の観測記録が残っていました。それに3月6日に雪が降ったという記録はなかったのですが、3月10日に最後の霜が降ったという記録がありました。霜が降りる気温ですね。また6日の前日が雨になっていました。だから、局所的に高梁川のあたりは気温が低いために雨が雪になっていて、それが融けずに残っている。そういうことは十分考えられるのです。ある人のぼんやりとした記憶のお話でしたが、3月6日のことがきけましたし、雪が降っていたというのもどうも事実のようだということがわかったのです。

もちろん6月29日に雪が降っていたということは考えられないのです。だから体験というのは、あやふやで、たよりなくて、客観的事実と違う場合が多いのですが、逆にずっと調べてゆけば、その中から確かな事実が見つかるということがあるわけで、多くの人に体験を語ってもらうというのは、ものすごく大事なことなのです。体験したことを話してもらって、そのまま並べておくだけでは、確かな事実として記録する価値はありません。中身をきちんと調べて、確かめたら大事な事実がわかってくるということなのです。

あまり時間がないので、もうひとつ話をします。

(4) 地獄に月

6月29日の空襲の時に、まるで地獄のように町は火の海になっているのですけれども、その時に月が出ていたという人がいるのです。私はもちろん逃げ惑っている時に、月など見ていないのです。地獄には月はでません。地獄を知っていますか、地獄には月とか星は見えないのですよ。そういう世界なのです。

空襲の時は岡山の街は地獄の火の海でした。その時に月を見たという人がいたのですが、冗談ではないと思いました。みんなが地獄のようなところで焼け死んでいる時に、月がでていたなんて想像できないのです。

しかし、色々な人が月がでていたと言うのです。また逆に、私のように冗談ではない、月なんて出ていないという人もいるのです。私の1年先輩の仲間がいまして、その人が最近の新聞を読んで、月が出ていたという人がいるということを知って、私に手紙をくれました。「月が出ているという人がいるけれど、記憶が混乱している」私は月が出ていたということは信じられないけれど、しかし月が出ていたかどうかは月齢を調べればわかることなのです。

月齢を調べるのは理科年表を見ればよいのですが、1945年6月の月齢のデータは理科年表になかったので、東京天文台のコンピューターソフトで計算してもらったら、6月29日は月齢が18日ということがわかりました。つまり満月から3日たっているのです。だから空は明るかっただろうという答えがかえってきました。つまり月はでていたのです。だから記憶が混乱していたのではなく、月が出ていたのは事実だったのです。あの状態だったら、月が出ているのは似つかわしくないのですが、月が出ていたのです。

ただ問題は月が出ていても、曇っていたら月はみえません。今度は曇っているかどうかを、気象台の観測記録でみるのです。梅雨の季節ですけれども、この日は雨が降っていなかったのです。これはみんなの記憶もはっきりしています。元牛窓監視哨の哨長さんが手記を書いていますが、その日は星が見える、わりあいに風もあって、梅雨だけれどもさわやかな日だったと書いています。雲がどのくらいでていたのかどうかを調べなければいけません。雲の観測は24時間ずっと調べているわけではなく、ポイントごとに調べているのです。しかし、夕方になった時に雲が切れているという観測記録が残っています。「月が出ていた」という人の証言が、記憶が混乱していたのではなく、これは事実であろうと私は思ったわけです。こんなふうに調べてゆくと、事実は何かということがわかるのです。

(5) B―29

B―29の話をします。B―29という巨大な爆撃機が爆弾を落とすのですが、B―29をみていなくても、この爆撃機が爆弾を雨あられのごとく落としましたから、B―29を見た人も見ていない人もB―29は恐ろしいものと思っているのです。だからB―29は怖い。

その怖いというのも色々あるのですけれども、実際にはB―29の翼の長さは43メートル、胴体の長さは30メートルなのです。今のジェット旅客機などその何倍もあるのですけれども、当時は世界最大の爆撃機で、ターボエンジンが4個ついている。全体の重さが約60トンです。今のジェット旅客機は200トンから250トンもあります。B―29は60トンですが、当時はとても大きく思いました。自分の重さは30トンで、爆弾と燃料を合わせて60トンです。岡山にきたB―29は、焼夷弾を平均6トン積み、ガソリンを20トン余り積んでいるのです。マリアナ諸島の基地から7時間飛んできて、爆弾落として、また7時間飛んで帰るのです。

1機の飛行機に11人の兵士が乗っていて、14時間飛び続けるのです。先頭にパイロット、副操縦士、爆撃手、機関士、航海士がいて、彼らは将校クラスです。後ろの人は、通信手、レーダー手や、機関銃手です。つまり彼らは14時間ずっと座っています。高いところを飛んでいても酸素マスクをつけなくてよいように気密室になっていて、尻尾と頭をつなぐトンネルがあって、前と後ろが行き来できるようになっているのです。非常に巨大な飛行機ですね。

私は変なことを思うのですが、トイレはどうなっているのだろう、まだ調べていないのですが、簡易トイレくらいはあったと思うのですが、ともかくこんな大きな爆撃機がやってきて、人々を殺すのです。だからそれを表現するのに、B―29を

「怪鳥」のようだと表現している人もいます。なかには「雷鳥」のようだと言っている人もいます。でも「雷鳥」はあまり飛ばない。体がずんぐりしているのです。大きいということを「雷鳥」にたとえるならば「ヨーロッパ大雷鳥」というのは七面鳥のような鳥ですが、B—29が七面鳥のような鳥とは、全く似ても似つかないのです。非常に合理的なスタイル、高々度を長時間飛べるような無駄のない、スマートな形なのです。しかし怖かったので、こんな表現をしているのでしょう。

岡山から倉敷に逃げた女性の声が新聞にのっていました。飛行機が東から西へ飛んでくる、自分は西へ逃げた、するとB—29は後ろから追いかけてきて、逃げる私を追いかけて爆弾を落とした、というように表現しています。恐ろしかったのですね。同じ方向に逃げているのでそんなふうに思えるのですね。

B—29はぐるぐる回りながら爆弾を落としたと言う人がいます。B—29は非常に大きな飛行機でぐるぐる回るような小回りの旋回はできないのです。B—29のバンク（翼の傾斜角度）は30度まで、翼をかたむけることもあまり大きくはできません。アメリカ側の記録に書いてあります。元のところに戻るのには、10分も15分もかかります。それと爆弾をポイントに命中させようとすると、回りながらだと当たりません。真っ直ぐ、同じスピードで、同じ高度で、同じ方向へ行って爆弾を落として飛び去ってゆくのです。それと急降下も宙返りもしません。ともかく大きな船のように真っ直ぐ飛んできて爆弾を落として飛び去ってゆく。

旋回する時も、大きくゆっくりと回ります。もし旋回するならば、一度姿が見えなくなって、それから何分もして戻ってきます。当時の人は138機もきて爆弾を落としていったとは思っていませんから、当然B—29はぐるぐるまわって落としていると、みんな思ったわけです。けれどもそうではなかった。真っ直ぐ来て、爆弾を落としてはじめて方向を変えて基地のほうへ帰っているのです。

航空母艦からくる戦闘機は急降下して爆弾を落としました。B—29は真っ直ぐ飛んできて、弾倉を開けて、焼夷弾を一気に落とすのです。それが「小型」だと1機に1000発です。千発がダーッと落ちてきてまた次のも千発ダーッと落ちる、それでいっぺんに街中が火の海になったのです。

(6) 焼夷弾M69とM74

その時、岡山市の東のほうに住んでいる中学生の15歳の少女が、空襲の様子を見たままに絵に描いているのです（口絵1参照）。これは「小型」38発分の焼夷弾に火がついておちてきているところです。この辺が操山で、岡山城がこのあたりにあります。空襲がはじまったばかりの時は、もうすでにいたるところで火が燃えています。

あとから想像して描いた絵ではないのです。冷静にその時の様子をきちんとスケッチしている少女がいたのです。風向きも、きちんと煙の方向があらわれています。私は他の人が日記に書いている風向きなどの記録を見つけていますが、それとピタッと一致するのです。やや西向きに風があったのです。それから飛行機はこちらから進んでいきますから、放物線を描く爆弾の落ち方もこういうふうに落ちる事実がきちんと記録されているのです。こんな絵を描いた人もいます。

皆さんは怖かったから、ああ見えた、こう見えたと言いますが、実際には、4000メートルの高度を飛んできて一気に爆弾を落として飛んできた飛行機が138機いたのです。だから旋回したのであれば、1機の飛行機が10回旋回したら、のべ

10機になりますが、そうではなくて絶対機数が138機あったのです。そして全部で981・5トンの爆弾を落としていったのです。ただしアメリカの記録でトンと記録があれば、アメリカはメートル法ではないので、2000ポンドが1トンですから、メートル法の1トンだったら、2000ポンドの1トンかける0・9です。だから981・5トンと書いてあったら、0・9をかけるとメートル法のトンになります。

岡山で落とされた「小型」の焼夷弾が多くの人の記憶にあります。この「小型」の方ですが、それについての記録をする、一番よい方法は実物検証です。

たとえば大きさについては、実物をきちんと計ったらよいわけです。計って事実を記録すればよい。私が計ってみたら、49・7センチメートルありました。約50センチですね。自分で直径を測ると、約7センチあります。円筒の弾頭部分のみ約4センチは6角形です。弾尾は円が少ししぼられて、金属の尾翼が収まっています。この尾翼の部分は落ちるときに飛び出します。こんなふうにきちんと調べれば記録できます。

しかし記録を見てみると、いいかげんに書いてあるのです。岡山に落ちた焼夷弾は約60センチの長さと書いているものもあります。60センチと50センチでは大きく違いますね。誰かがそう言っているのを孫引きするとこうなるのでしょうけれども、実物があるのですから、実物を計ればきちんとしたことがわかるのです。しかし、この円筒形のところを6角形と書いている人もいます。確かに6角形の焼夷弾もあって、よその地方ではこの6角形の焼夷弾を落とされているところもあるのです。

6角形の焼夷弾は、尾翼の部分が金属ではなくて、布のリボンがついていて、リボンが尾翼のかわりをしていて、やはりザーという音がして落ちてくるのです。これは、米軍の制式記号でもM69と呼ばれるもので黄燐ははいっていません。6月29日、岡山で使用されたものは制式記号でM74と呼ばれるものです。M74の方は、M69より貫通力が強く、人を傷つけるという点では、M69より残酷な武器でした。

M69は東京などで使われていて、岡山に落とされたのは6角形ではなく、この円筒の焼夷弾で、M74です。米軍の記録をみると、きちんと区別して記録されているのだけれども、岡山の人が焼夷弾の説明をする時に、はじめは自分で調べずに、実物を目の前にしているのに、東京のほうの人が調べて書いている本を孫引きをして、これをM69と言ったり、長さを60センチといったりして、色々間違ったことを書いているのです。

しかし、実際に6角形を見たという人がいるのです。アメリカの記録では先にお話ししましたように6月29日には、M74しか投下していないのです。でも見たという人がいるので、調べてみたらこういうことがあったのです。

7月4日の真夜中に、岡山市南部に1機のB—29が焼夷弾を落として、農家が数軒焼けるという空襲があったのです。調べると、7月4日は四国の高松が空襲された日です。高松にきたB—29の1機が、コースをはずれて、西から東へ岡山市の南部を通過して、岡山に爆弾を落としているのです。高松から10キロ離れているのです。

米軍記録をみたら、岡山に落としたとは書いていなくて、みんな高松に落としたことになっていますが、侵入してきた方向も、爆撃の時間も、高松空襲とピタッと一致するのです。だから高松空襲の1機が爆弾を落としたのだと考えられるのです。高松空襲の時は、M69を使っているのです。高松空襲にきた1機は岡山市南部に

M69を落としている。大雑把に言ったら、これは1機でも約千発です。当時、地元の人は焼夷弾の殻をたくさん集めているのです。だからこれを見た人もいるのです。現にここにひとつ残っていますね。よそから持ってきたものではなくて、岡山でこれも落とされた。ただし、7月4日に落とされたものだった。ということなのです。このように事実をひとつずつ調べてゆくことが大切なのです。

(7) 7月24日の艦載機空襲

岡山でもうひとつの空襲がありました。これはB—29ではなくて、戦闘機が朝から夕方までたくさんはいってきて、つまり四国沖の航空母艦から艦載機が飛んできて、小型爆弾を落としたり、機関銃で工場とか駅とか機関車などを攻撃して、数十人の死者がでました。こうした空襲が7月24日にあったのです。

これは戦闘機による空襲だったのです。これのほうが怖かったと言われる方もいます。実際に数百メートルのところまで降りてきて、急降下してダッダーダッダーと撃ってくるのです。のべにすると何百機も岡山を襲ったのです。岡山は焼け野原で、点々と家が残っているだけなのですが、こんな岡山の町を艦載機が空爆するという事実もあったのです。

(8)　米軍の損害評価

最後に6月29日の大空襲の米軍の損害評価についてお話しします。死者2000人については前にふれました。米軍の損害評価は街の破壊面積です。どれぐらい岡山の町を焼いたかということです。市街地の面積の何％を焼いたのか、何平方メートルを焼いたのかということです。きちんと記録されなければいけませんが、日本側ではこのような記録がないのです。

アメリカ側は、空襲の1週間後に飛んできて、写真に撮っているのです（口絵4参照）。このように焼けたところが白く見えます。この写真をすぐにもって帰り、焼けた部分を計算するのです。焼けたところに線を引くのです。空襲前の岡山の町の写真も撮っています。その写真で岡山の市街地の面積が計算できますので、2枚の写真を重ね、パーセントがきちんと計算できるのです。

米軍は63％が焼けたとしています。平方キロでいったら5・52平方キロと計算しています。面積の計算は、面積計（プラニメーター）を使用しています。コンパスに似た道具で、写真図の線をたどって、その長さから計算尺を使って面積を計算します。5・52平方キロメートル、市街地の63％を破壊したとすぐに報告しています。63％は計画された破壊面積の約120％の達成率で、作戦は大成功としています。私はこの数値は米軍のものですが、確かな根拠のあるものですから、取り上げて利用しています。

残念ながら日本側の地元岡山には、こうした根拠の確かな記録が存在しません。ただ地元にもひとつ貴重な資料も残されていました。私が退職後2年間かけてさがしだしたものです。発見した時には、10カ所位穴があき、ぼろぼろの状態でしたが、全体としてほぼ内容が読み取れました。岡山市防空本部が空襲の日の当日、街を歩いて作ったマル秘「消失状況図」（口絵2参照）です。焼けた街が朱色に塗ってあります。この地図の朱色の部分は、米軍の写真ともちろんピタッと一致します。日本側が、この地図から損害面積を計算したかどうかはわかりません。

私はこの地図の写真コピーに線引きして、米軍がした様にプラニメーターを使って計算しました。現在のプラニメーターはアナログでなくマイコン式です。すぐにコンピューターが計算してくれます。この日本が残した地図では、約6平方キロメートルの数値が得られました。米軍と日本の数値に大きな違いはありませんでした。焼けた面積はこのようにして、確かな事実として確認できるのです。

63パーセントという数字ですが、たとえば原爆の落とされた広島の破壊面積は68・5％なのです。長崎は43・9％なのです。原爆2つの平均は約56％ですから、その表面の面積だけでいったら、岡山がどれほど激しく破壊されたかがわかります。中身は違いますよ。原爆の悲惨さ、残酷さとはね。

空襲があったということをただ知っただけでなく、事実がどうであったのかということをきちんと知ってもらいたいと思って、いくつかの例をあげました。

真実こそいのちと平和のもと

まだ話したいことはいっぱいあるのですが、確かな事実をみなさんがきちんと受け止めて受けついでくれたら、これが皆さんの生きる力になるし、平和を守る力になるだろうと思っています。

あやふやな知識、あるいは不確かな知識、あるいは間違った事実、それからわからないばかりの状況であったら、戦争の反省もきちんとできないだろうと思います。

皆さんも、このことだけにかぎりませんが、世の中のことを、確かな事実をきちんと身につけるということを心がけてほしいと思います。それが、私の願いでありまして、今日こんな話をさせていただきました。ちょうど約束の時間になりましたので、終わりたいと思います。有難うございました。

（2005年9月実施＝高三人権教育LHRにおいて）

3　岡山空襲を忘れないで

2006年6月授業

15年に及ぶ戦争の最後の年に

61年前の6月29日、岡山がアメリカの非常に大きな爆撃機B―29によって爆撃され、町の中心部はほとんどなくなってしまいました。B―29は138機飛んできて焼夷弾を落としました。その爆撃は84分間続き、2000人を超える市民が亡くなりました。30年一世代と考えると、61年前ですから非常に昔のことのように思われるかもしれません。また、この岡山が空襲にあって非常に多くの人が亡くなったと聞いても信じられないかもしれません。しかし、私は11歳の時に岡山空襲を経験しました。岡山空襲がどのようなものであったのか、お話ししたいと思います。

なぜ岡山が空襲されたのかというと、それは日本がアメリカと戦争をしていたからです。1931（昭和6）年、日本は中国の東北部で戦争を起こしてしまいました。この「満州事変」を始まりとして、その後、日本と中国の戦争が続き、太平洋で日本とアメリカが戦争を始めてしまいます。

太平洋戦争で日本が負けるまでの間15年ありますが、15年間に及ぶ戦争の最後の年にこの岡山空襲は起こりました。私が生まれてから小学校を卒業するまでずっと戦争が続いていたという状態でした。従って当時は、平穏に暮らしていた岡山を急にアメリカが攻撃をしたというわけではなく、互いに戦争をしていて、アメリカは日本を負かそうと攻めていました。

あれは何だったのか

岡山空襲のことを調べることになった出発点は、自分の体験がもとです。

当時、私は岡山の東山という岡山市街地の郊外に住んでいました。操山のふもとです。その操山のふもとのわが町御成町は戸数の約8割が焼けました。岡山市街地全体ではその面積の63パーセントを焼きました。私の家も焼けましたが、私の避難した敷地の隣の墓地では親子3人が亡くなりました。なぜこのような悲惨なことが起こったのか、それはいくら体験してもわからない。だからずっと調べています。

この岡山空襲の事実が、今の若い人にきちんと伝わっていない。きちんと事実を記録しないと風化し、忘れられていきます。この空襲で２０００人を超える人が亡くなっているのに、だれが亡くなったのか、61年たった今でもその方々の全員の名簿がまだ作られていません。

どのような空襲であったかという記憶もうすれています。そのうちだんだんうそが語り伝えられるようになる。それできちんと事実を伝えたいと思い、調べるようになりました。今私は生涯の仕事として、資料を集めて確かな事実を記録に残すようにしていこうと取り組んでいます。

岡山は予定表の31番目

日本が１９４１（昭和16）年12月8日に真珠湾の攻撃をして、アメリカは日本と戦争することになります。開戦2年目から日本の形勢は不利になりました。アメリカは日本の占領地だったグアム島やサイパン島やテニアン島を占領し、そこに飛行場を作り、超重爆撃機をあつめてそこから日本本土を攻撃しました。

岡山空襲は日本が負けるということは、もうはっきりしていたときのことでした。6月22日金曜日に水島（現・倉敷市）にあった三菱重工水島航空機製作所が大空襲されました。この一回の空襲で工場は壊滅してしまいます。この日は沖縄がアメリカに完全に占領された日でもありました。

沖縄が占領された時点で軍部が戦争をやめていれば、岡山空襲も原爆も無かったかもしれませんが、日本は降伏しませんでした。米軍は本土（九州と関東地方）に上陸の準備もしていました。

一方の日本では、市民も国民戦闘義勇隊として組織し（女性は17歳から40歳まで。男性は15歳から60歳まで）軍隊の下でアメリカと戦おうとします。このなかで米軍は、市民の都市そのものを焼きつくす作戦を展開したのです。アメリカは日本の戦う力を削ぐよう、徹底的にやってきました。岡山空襲もその中の一つです。

本格的な都市空襲は3月10日の東京大空襲が始まりでした。空襲予定都市は180にも及びました。人口3万人の都市まで空襲の予定でした。大都市から始まり、中小郡市へ、岡山は当時約16万人。市街地人口は約10万人と考えています。岡山はその予定表の31番目に上がっています。

Ｂ―29は、翼の長さが43メートルもある大きなものです。岡山空襲では、大型・小型2種類の焼夷弾を一機当たり6トン余り積んでいました。アメリカ軍は、どうやったら効率よく岡山の町を焼きつくせるか、きちんと計算し準備をしています。ドイツの街は燃えにくいので攻撃に爆弾を使っていますが、日本の街は殆ど木造建造物で燃えやすいので焼夷弾を使っています。鉄筋コンクリートの建物は数えるほどしかありません。

焼夷弾は爆発してものを壊すというものではありません。小型の方は50センチほどの長さです。大型の焼夷弾は、爆弾型をした約1メートル20センチほどです。焼夷弾の中には俗にいうナパームという油脂（ガソリンをゼリー状にしたもの）が入っています。小さいほうの焼夷弾は19本ずつ2段になって、38本を束にして落としていきます（空中で38本がばらけて落下する）。小型の方には油脂だけでなく猛毒の黄燐も入れていて、消火活動を妨げるような仕組みになっていました。

まず大型の焼夷弾を落として地上に火災を発生させてから、小型の焼夷弾を密度濃く落としていきました。小型だけだと消火されてしまう恐れがあり、消火活動を妨げる爆発する大型焼夷弾を初めに落としました。

米軍は街全体を効率よく焼きつくすために、街の中心部に一点だけの照準点を設定し、どの飛行機もその中心点をめがけて落とすというやり方をしました。ちょうど今のＮＴＴクレドの場所がその爆撃中心点です。Ｂ―29、１３８機の投下した焼夷弾は、発数にすると約十万発にのぼります。街中どこにいても火の雨が降ってきて、それに直撃されたり、いたるところで火災が起こって、逃げ遅れた人は死んでしまうということになりました。

県史や市史の間違い

実は空襲予定表の１８０の表の中には玉野・倉敷・津山も入っていました。倉敷も少し戦争が長引けば攻撃された可能性がありました。Ｂ―29の焼夷弾に大空襲された都市は64、原爆によるもの2都市、久留米はＢ―24で攻撃されました。あわせて67の都市が8月15日までに、空襲を受けました。アメリカは原爆を落とさなくても日本が負けるということはよく知っていたが、原爆を落としました。そのあと日本は降伏しました。

このような事実が正確に伝えられていれば良いが、きちんと伝えられていないものもたくさんあります。岡山市内でも陸軍兵舎（現在の岡山大学）に被害がなかったのはそこを狙っていなかったから。岡山市民の住む町自体を焼くことが目的だったからです。

岡山空襲では、警報が出る前に空襲されました。そうなった理由を、軍の防空本部が、監視哨の報告を、「岡山を和歌山と聞き間違えた」とか監視哨が「居眠りをしていたのだろう」という人もいます。

岡山県史には「B―29は爆音を消して忍び寄った」云々などと書いてあります。しかし、全重量約60トン（自分の重さ約30トン）もあるB―29が、プロペラも回さず爆音も消して忍び寄ってこれるか、といったらそれは無理です。しかし、こういったことをいまだに語り伝えています。

軍部は警報を出すのに困っていました。この当時は毎日敵機が来ていました。その度に警報を出していては生活が出来ず、工場での生産が出来なくなってしまいます。それで少数機であれば警戒警報しか発令しませんでした。少数機でも実際に空襲されることがあったにもかかわらずです。アメリカは大空襲の前に少数機による気象観測やレーダーの写真を撮りに来たついでに爆弾を落とすこともしています。

少数機で敵をかく乱させたり、本番の大空襲の訓練をしたりしていたのです。

岡山の2つの大空襲の前に少数機による攻撃が6回記録されています。3月6日に岡山市の郊外を、3月29日水島の沖に。3回目は玉野の造船所の社宅で数十名の死傷者が出ています。少数機による攻撃では、なぜこのようなところを狙ったのかと思うようなところを攻撃している場合が多くあります。

玉野の空襲では玉野造船所を狙ってやったと思われていますが、実は、アメリカの目標は水島の飛行機工場でした。アメリカの記録を見てみると、その日、夜、雲があって水島の工場の手前で爆弾を落としています。玉島に落とすつもりの爆弾が玉野に落ちました。しかし、「造船所だから狙われた」という思い込みが玉野市史に書いてあります。

調べてみると、玉野市史に「4月8日に玉野空襲があって死傷者が出た」ということが書いてありますが、岡山県史には他に「7月8日にも午後3時ごろB—292機が玉野市三井造船所を攻撃、全壊11、半壊13など被害にあった」と書いてあります。存在しない空襲が岡山県史には載っているのです。知らない人が読んだら本当だと思うでしょう。なぜ県史はこのような間違いをしているのか。

戦後、岡山県の警防課が県下の被害を発表しましたが、新聞が間違えて4月8日を7月8日、午後23時を午後3時と記載してしまいました。新聞は誤報だったのです。結局、県史は玉野の記録から4月8日を、新聞から確かめもせず7月8日を採用したのです。

同じく県史では、4月8日に倉敷市の大原美術館の傍の住吉町に爆弾が落ちたということを記録しています。存在しない空襲が2つも余分に記録されているのです。焼夷弾と違って爆弾が落ちると何十キロにわたって地響きがするはずです。それを聞いた人がいません。調べてみると、水島工場があった連島町役場の日誌と警防団の日誌に「倉敷の新川町に爆弾がおちて被害がでた」との記録が残っています。県史はそれをそのままに書いてしまったのです。

これは警防団の日誌が誤報です。では日誌はなぜ間違えたのでしょうか。4月8日空襲されたのは玉野造船所の社宅でした。その社宅に続く町内が新川町だったのです。それが伝わり、連島では倉敷の新川と思い込んで書いてしまったようです。

戦後、空襲を調べている人はそのまま記録を信じてしまいました。これは空襲の記録の中の間違いのほんの一例です。みなさんも、新聞に書いてあるからそのまま本当だと思ってはいけません。「本当は何か」ということを幅広く、いろいろな視野から調べて、確かなものを身に付けないといけません。

岡山空襲の時にB—29が児島半島に一機墜落しました。そこで11人が亡くなりました。ところが『岡山の戦災』という本には「岡山の山陽町の高月村に艦載機が墜落し、戦後、乗員2人の死体をアメリカ軍が回収した」という手記が載っています。児島半島のB—29の墜落現場には、アメリカ軍がやってきて遺骨を持ち帰り、乗員が地元の人に虐殺されていないかどうか、3年間にわたって現地調査が実際にされています。どうして山陽町にという間違いが起こるのか。その手記を書いた人に30年後になりましたが、聞いてみると、「覚えが無い」と言われる。事実ではなかったのです。

いろいろな人の証言は大切ですが、一人の方の証言だけでなく、たくさんのいろいろな人の話を聞いたり、いろいろな資料を集め「本当はなにか」ということを追求する姿勢が物事を知る上で必要です。戦争についても空襲についてもきちんとした知識を身に付ければ、それが生きる力になると私は思います。

（2006年6月実施＝高三人権教育LHRにおいて）

4　戦争・空襲から学んだもの

2007年６月授業

１９４５年６月29日未明の岡山大空襲

62年前、皆さんより少し若い頃、空襲を受けたときは11歳（小学校６年生）当時は戦争中で小学校は「国民学校」と言って、戦争に役立つ教育を受ける学校だったんですね。私はその国民学校を卒業しました。たまたま生きているので、今こうやってお話が出来るんですが、その時岡山市民約２０００人が亡くなっているんです。

国民学校の中では爆撃中心点近くの深柢国民学校では、60人という岡山市の国民学校の中では最大の犠牲者を出したんです。私の母校は東山にありましたから、爆撃の中心地域から少しはずれていましたから、亡くなったのは２人でした。そういう空襲でした。

沖縄戦敗北の一週間後の6月29日。日本敗戦の48日前。東京大空襲から数えて102日目。そして中小都市空襲の3回目に、米第20航空軍第21爆撃機集団所属の第58航空団（テニアン島基地）のB—29138機による空襲。

岡山市の人口は当時約16万人。市街地人口は約10万余と考えます。軍事的に重要な街ではありません。ですから岡山への空襲も近いとは思っていましたが、広島より先にやられることなど誰も思っていませんでした。

空襲は警報のでる前に始まりました。紀伊水道を北上し、三方向から次々侵入するB—29は、およそ4000メートルの高度から、二種類の焼夷弾（100ポンド油脂焼夷弾ANM47A2、10ポンド黄燐・油脂焼夷弾M74）約95000発を、街の中心部に設定したただ一点の照準点（爆撃中心点）を目印にして投下しました。空襲時間は、午前2時43分からの84分間。無防備で木造家屋の密集する岡山の街は、たちまち地獄の火の海となり、2時間ほどで姿を消しました。

街そのものを焼くことを目的に空襲したんです。街の中に軍事的な施設があるから狙ったのではなく、岡山の街そのものを焼き尽くす目的でやってきたのです。米軍は現在のＮＴＴクレドビルのあたりを中心と定めて爆撃すれば、一番効率よく岡山の街を焼くことができると計画した。米軍は岡山の街を半分焼いたら作戦成功としていましたが、実際は市街地面積の63％を焼き計画の約１２０％の達成率だった。それで、アメリカは大成功（エクセレント excellent）という一番高い損害評価をしたんです。

Ｂ—29１機に11人の搭乗員と、別の救出（シーレスキュー）の為の隊員を合わせて約２０００人が岡山空襲に参加している。アメリカ兵は一人で岡山市民一人殺していることになります。そのとき、Ｂ—29１機、エンジンから出火して児島半島、今の岡山市の宮浦というところに墜落しています。米軍の損害は11人です。

街を地獄の火の海にした焼夷弾

これは持ってきたんですけど、２種類の焼夷弾の内の小型の焼夷弾（Ｍ74）。岡山で使われたものです。小型の方は、本体は爆発しませんからこのまま残るんです。不発弾ではないんです。塗装の緑がかった色もそのまま残っています。最初は38本を束にして落とすんですが、途中で束がはずれて、38発落ちてくるんです。そのとき、金属の尾翼がポッと飛び出して、こういう状態で落ちてくる。それで「ザーー」と音をたてて風を切って落ちてくるんです。

もう一つの大型の焼夷弾（M47A2）は、これは実物が無いんで写真で見て下さい。尾翼の部分をのぞいて約1メートルの長さです。この方は本体が爆発して中の焼夷剤が飛びちります。二つの焼夷弾の焼夷剤はガソリン（主成分）をゼリー状にしたいわゆる油脂ですが、小型のM74の方には油脂のほかに消火活動を妨げるために猛毒の黄燐もいれていました。

この大型の方（写真の焼夷弾＝29ページ）を先に落として、街の中心に大きな火災を発生させ、あとから来る機があそこが街だとわかるようにもします。でも大型ばかりでは数が少なくまばらになりますので後続の機が小型焼夷弾を密度こく落とすんです。だから岡山はどこも火の海で、火に囲まれたようになったんです。

私の家は東山で、岡山市街地の東の端で爆撃中心点から2キロ離れたとこなんです。そこでも3機分の焼夷弾が落ちてきました。一機で、小型だと1000発以上になります。ですから、我が家の周りに約3000発の焼夷弾が落ちたことになります。町内で戸数の約80％が被災しました。

私は直撃されなかったから生きていますが、近所の親子3人が多分大型の直撃的な被害をうけました。おばあさんはその場で亡くなり、お母さんは腰に穴があきその日のうちに亡くなり、小さな娘さんは足がちぎれてしまった。その娘さんのお姉さんが三勲国民学校に運ぶ途中で亡くなったんです。三勲国民学校は焼け残ったので、怪我をした人が収容され、亡くなったら死体は教室に重ねられていった。その後、私は家も無くなったので、県北に疎開しました。そこで敗戦の知らせを聞きました。

戦後は、何もない状態でしたので、生活は戦争が終わった後の方が大変でした。食べるものもない生活でした。

15年戦争・重慶連続爆撃

「なぜ岡山はこれほど激しい空襲をうけたのか」ということを話したいと思います。私が作ったミニ年表（生徒配付資料）、これには空襲が激しくなっている時期を載せています。私が生まれたのは1933（昭和8）年です。1931（昭和6）年に「満州事変」が起こって、その後、満州国を建国し日本は満州国を支配下にお

ミニ年表『日本敗戦の最終段階』

日笠俊男『米軍資料で語る岡山大空襲』（吉備人出版）より

年	月日	こ と が ら
1944 （昭和19）	6.15	米軍サイパン島上陸
	6.19	マリアナ沖海戦
	6.30	学童疎開促進要綱閣議決定
	7.18	東条内閣総辞職
	8. 4	学童集団疎開第一陣上野発
	8.22	沖縄からの疎開船対馬丸米潜水艦の攻撃で沈没
	10.24	レイテ沖海戦・海軍神風特攻隊（10／25）
	11.24	マリアナ基地のＢ29東京初空襲
1945 （昭和20）	1. 9	米軍ルソン島に上陸
	2.19	米軍硫黄島に上陸
	3. 6	Ｂ29岡山県最初の空襲（旧加茂村／庄村／山手村被弾）
	3.10〜	東京、名古屋、大阪、神戸、再び名古屋大空襲（「焼夷電撃戦」）
	3.19	※3.15　大都市に於ける疎開強化要綱決定
		※3.18　決戦教育措置要綱決定
	4. 1	米軍沖縄本島に上陸（４月京都、舞鶴、広島、呉学童集団疎開）
	5. 7	ドイツ降伏
	5. 8	トルーマン日本に無条件降伏を勧告
	5.14	最高戦争指導会議構成員対ソ交渉方針決定（終戦工作開始）
	5.22	戦時教育令交付（全学校・職場に学徒隊を結成）
	6. 8	天皇臨席の最高戦争指導会議、本土決戦準備の「今後採るべき戦争指導の基本大綱」を採択
	6.下	中小都市の焼夷攻撃激化
	6.22	水島大空襲（三菱重工業水島航空機製作所）／沖縄戦日本軍の抵抗やむ
	6.23	国民義勇戦闘隊 （15歳以上60歳以下の男子、17歳以上40歳以下の女子同隊に編成）
	6.29	**岡山大空襲** 少年久米郡大垪和村に疎開
	7. 9	岡山県「教育非常措置」発表（四市国民学校には極力縁故疎開を勧奨し、残余の者については集団疎開を行う）
	7.中下	岡山市国民学校学童集団疎開準備
	7.21	岡山師範学校男子部附属国民学校学童集団疎開出発
	7.25	女子部附属国民学校学童出発
	7.26	対日ポツダム宣言発表
	7.30	文部省、岡山県の学童集団疎開不認可（補助金支出せず）
	7.31	岡山市長「市会」で集団疎開中止がよいと発言 （補助金が出ないことに関連して、義務教育の趣旨に反する云々） 岡山県疎開方針変更 （「分散教育」をする。集団疎開を第一義的に扱わない）
	8. 6	広島に原爆投下
	8. 9	長崎に原爆投下
	8.15	日本敗戦

くことになるんです。

その行為は国際連盟からも非難され、日本は名誉ある孤立を選ぶと国際連盟を脱退する（１９３３年）。この年が私が生まれた年です。１９３７（昭和12）年に日中戦争がはじまる。その時から終戦までの9年間は戦争が激しかった時期。「満州事変」から数えたら15年間です。そういう時期に幼少時代を過ごしたことになります。

ずっと全部戦争でした。国際的には非難されていたが、日本は正義の「聖戦」であるといっていました。中国との戦争の4年目に陸軍省の報道部は『聖戦四年』という本（パンフレット）を発行しています。ここに日本は勝っている。日本軍は日中戦争で、重慶（ここに当時中国政府が置かれていた）を何十回と空襲した。そして「聖戦」を勝ち抜いていると述べたうえでさらに次の様なことを書いています。「交戦国の国民（日本のこと）でありながら、未だに一度も空襲らしき空襲を知らずにすむ日本国民はヨーロッパの交戦国民に比して幸福すぎるほど幸福であると云えよう」と。

重慶は連続空襲で死の街になっていきます。実際に当時の新聞で「重慶さながら死の街」と報道されているのです。それを幸福だと思っていたのです。私もそう思って、勝ったら喜んでいた。しかしアメリカとの戦争が始まったら、日本は重慶にやったことのしっぺ返しのようなことをやられてしまうんです。そして原爆を投下されてしまう。戦争は真珠湾先制攻撃ではじまりますが、日本の優勢は緒戦の数カ月だけ。その後はアメリカにどんどんやられていく。戦争が終わる最後の5カ月に日本は徹底的に攻撃を受けるんです。

日本本土への331回の大空襲

私は空襲について調べています。それは、体験したことでも記憶などは薄れていくし、曖昧で頼り無いんです。だから、正確な事実（資料）を掘り起こしていくことが必要なんです。そのため空襲について調べているのです。調べていくと、だんだん分かってくることがあります。

アメリカは、総力をあげて日本を攻撃した。日本はなかなか参ったと言わなかった。アメリカは日本を降伏させるために、出来ることは何でもやろうと、巨大なB—29で本土空襲を計画する。一般の市民が住んでいるところにも空襲を行う。前線ではなく、後方の重要な政治や経済の拠点を攻撃する。これを戦略爆撃といいます。これをアメリカは行った。

マリアナからのB―29の爆撃は１９４４（昭和19）年11月に本土空襲の第１回目が行われる。その前に練習としてトラック諸島にある島を攻撃します。これは日本の潜水艦基地があったためです。これが作戦№１の作戦です。これから１９４５（昭和20）年の８月15日まで、空襲が続く。最後の作戦は№３３１なんです。約10カ月の間に３３１回というのは、単純に考えて、１カ月に30回、毎日１回の割合でB―29が日本のどこかを空襲していることになります。

この３３１回は大空襲だけ。少数機空襲はさらに多くあるんです。気象観測などでやってきた単機のB―29が爆弾を落としていくことは、大空襲の前にはたくさんあるんです。岡山県下に限って言うと、大空襲は２回、１回目の倉敷の水島航空機工場への１００機をこえるB―29空襲で、大工場が壊滅しました（６月22日）。ちょうど岡山空襲の１週間前です。そして２回目が岡山大空襲。少数機空襲は岡山県でも６回記憶されています。アメリカは空襲の報告書を作成しているので、それを見ればどんな空襲をしたのかよく分かるんです。

アメリカは基本的に日本本土の4種類の目標を選んで空襲をしています。最優先目標は工場。特に航空機工場と石油施設です。2つ目は特攻機対策として九州や四国の航空基地を攻撃する。これらは、焼夷弾ではなく爆弾を使用します。

3つ目は案外忘れがちですが、機雷投下による海上封鎖（この前、四国沖で62年前の機雷を発見、爆破したニュースがありました）。瀬戸内では主に、下関、広島や呉、神戸、大阪、瀬戸内海の航路などが機雷投下の標的になりました。岡山では1948（昭和23）年、牛窓沖合で関西汽船の「女王丸」という旅客船が触雷し多くの死傷者がでる出来事がありました。四つ目の作戦が、都市空襲です。都市そのものを焼いて、戦う気力を失わせることをねらっています。

機雷もそうですが、都市空襲は無差別爆撃の性格が強いものです。岡山にはどう見ても軍事的に重要な物は無い。そこを爆撃する。米軍は、岡山を焼く目的について「岡山よりもっと小さい都市でも、戦争を続ける力が少しでもあるのであれば見逃さない。あるいは無傷では済まさない」と「目標情報票」にはっきり書いてあります。また「小都市の住民が自分たちの未来は灰色だと思っているなら、岡山空襲はそれを真っ黒にするであろう」とも書いてあります。このように心理作戦だったんです。それでも日本は参ったと言わない。大空襲で焼き払われた都市はB―29によって行われたのは64都市なんです。原爆をいれて66都市がやられた。

アメリカ軍は自分のしたことを、きちっと記録しています。そのなかに戦争直後に米陸軍が出版した『日本上空の米第20航空軍』というものがある。今度、愛媛県の高校生が翻訳してくれたので私どもで本にしますが、それには次のように書かれています。

「太平洋に基地を持ったB―29は、日本の海域に１２０４９発の機雷を投下、２８５の敵戦闘機に損害を与え、主要石油精製所を麻痺させた。日本の主要65都市と都市工業地域の１５８平方マイルを焼き払った。その際５８１の重要軍事施設を破壊し、鉄鋼生産能力の15％と、航空機生産能力の60％を奪い、２３０万戸の家屋を消滅させた」

先ほど説明した10カ月間に行った4通りの空襲作戦の全体です。その最後の５カ月に日本を焦土にした都市空襲を行ったんです。アメリカは、その５カ月を「炎の５カ月」と呼んでいます。

こうも言っています「戦争最後の５カ月間の油脂焼夷弾攻撃では、31万人の日本人を殺害し、41万2000人以上に負傷させ、920万人から住居を奪った。それに対して、米軍の損害はB―29 537機。搭乗員3267人。墜落したB―29から600人以上の搭乗員が救出された。戦史上、勝利者の犠牲がこれほど少なく、敵に甚大なる損害を与えた戦争はなかった」このように賛美している。だから、これはさっきの日本軍の重慶攻撃についての『聖戦四年』と同じような構造を持っていますね。

さらに「第20航空軍による、最後の5か月間の働きは、敵を力で押し返した歴史的教訓でもある。この炎の5カ月、B―29は堅固に守られた敵の国土を焦土と化し、膠着した戦局を勝利へと導いた。この間に、約1000機の米軍機と2万人の米兵が強情な敵から家屋敷を奪い、恐怖と死をもたらした。」と記しています。

おわりに

私はこの戦争を体験して「命がどれだけ大切かということ」を学んだ。「聖戦」と言われたがそんなことではなかった。「本当のことをちゃんと学ぶことが大切だ」ということをつくづく考えたんです。だから、嘘を教えられたり、命の大切さを自覚していなかったら、自分の身を滅ぼす、国を滅ぼすことになるんです。だから「ちゃんとした知識を身につけて欲しい」といつも願っています。それ以外には「生きていく力」や、「平和を守る力」は生まれないと考えているんです。急いで話しましたが、ありがとうございました。

（２００７年６月実施＝高二人権教育ＬＨＲにおいて）

▼コラム

空襲・戦災を記録する会全国連絡会議
二〇〇二年・第三十二回福井大会

全国からの報告「この一年の活動報告」から

私どもの「岡山空襲資料センター」は、岡山空襲の五十七回戦災記念日に、設立二周年を迎えました。ちょうど二年たったわけです。そういう短い会ですが、もう少し具体的にいえば、その前に「六・二九岡山空襲研究会」が三年間活動しました。さらにその前に、退職して時間ができましたので、岡山空襲にかかわる戦災資料を集める活動を二年やってきました。それらを合計すると七年間、直接的な仕事をやってきたといえます。さらに遡れば、七〇年代の「岡山の戦災を記録する会」に少し加わっておりますから、いわば古い七〇年代の組織とか活動につながりをもちながら、新しい活動をしているのが「岡山空襲資料センター」です。「資料センター」にしたのは、研究活動も大事ですが、この時期にきて資料の散逸がひじょうに目立ったということ、いまの時期にやらなければもうそのまま何もなくなってしまうと感じましたので、資料（史料）の収集と検証にウェートをおいて、実は自宅に「資料センター」を置きました。

自宅の一部屋を、資料の収蔵場所でもあるし、研究する場所でもあるし、必要によっては展示をする場所でもある、というふうにしています。部屋が狭いのでたくさん見学に来られた場合は、庭に展示して、いわゆる博物館的な役割もやっています。庭には、国民学校六年生の時に自分で掘った役に立たなかった防空壕を、そのままもう一度復元しておりまして、小学生たちも『こんなものだったのか』といって、そのときのことを学習して帰るということも行われたりしています。

そんなことをボツボツやっているのですが、岡山市に対しては、「戦災資料を収集したり検証したりする仕事は我われがボランティアでやるから、永久保存してほしい」と要望はしているんですが—。

たまたま前の市長の時に、歴史博物館をつくりその中に「戦災資料室」を二部屋ほど設ける案がでていたのですが、市長が交代したらその計画は完全になくなりました。逆に博物館とはちがった「デジタル・ミュージアム」をつくる、これはもう具体的に、二年後の岡山国体に開館するということで急いで動きだしました。それには戦災資料館の位置づけなど、博物館じゃありませんから、展示にウェートをおいているんでしょうから…。どういう内容か全然わからないということもあります。

もし私どもがちゃんとした戦災資料の収集とか検証、そしてしっかりした事実に基づく記録をしていなければ、行政がつくったような資料館も、虚構の展示をする、虚構を発信する場所になりかねないわけですね。そういうふうにならないようにしたい、と。だから、まったく小さなミニ資料館ですが、そういうことにならないようにするための取り組みとして、ボツボツとやっているわけです。

実際に岡山の場合、最初の「戦災復興編」という市史が一九六〇年に出ていますが、その時代の水準も反映して、資料の収集も十分でないし、資料検証も不十分なままにつくりあげられています。一番肝心なところで、例えば戦災の記録では、彼我の戦争の記録なのに、米軍資料がこれほど幅広く奥深いものがあるのに、それを全然みないで記録している段階ですから、そういった段階ではなくて、ちゃんとした日本側の資料もあちら側の資料も手に入るんですから、それらをおさえて記録することが大事なんです。しかし、岡山市史や岡山県史は、戦後五〇年のレベルの段階でも、まったくという位ちゃんとやってないんですね。その水準でいま博物館ができてしまう。そういうことにもう耐えられないということがあるんですね。そんなことでやっていますので、今日皆さんに「資料センター」の二周年のニュースをお届けしました。

この二年間の活動を振り返ってみますと―その前の三年間の活動がありますが―、ここに書きましたが「研究なければ保存なし」、「保存なければ研究なし」という、いわゆる金言を実感させられることがございました。

研究活動をして、研究上の課題を持つと、もう散逸してなくなったと思うような資料があちこちで見つかってくる。そういうものを収集して、いまうちの資料館の収蔵物といいますか、何も物理的な物質的なものばかりじゃなくて、あるわけですね。それから、そういう活動を認めてくださって、市民的に資料が提供されるということもあるわけです。

もう一つは、お配りした中に新聞のコピーを入れましたが、ここに来る少し前の七月上旬に、たまたまポストに郵便を出しに行きましたら、我が家の前の小さな川―操山という山の麓から流れ出している小川、浅い川があるんですね。その橋の下に私ども避難したんですけれども―それをずっとみて歩いていましたら、私の家から五十〜六十メートル下流のところに、思いがけなく焼夷弾がこう出ていたんですね。半分埋まって、川の水の下にあるんですね、焼夷弾が。私はその焼夷弾の型をよく知っていますから、例えばメガネが落ちてたらメガネだと判るように、みたら「あっ、焼夷弾が落ちてる」と。それでもまさかと思い、すぐ棒を取って突っついてみましたら、金属で―。それから梯子を持ってきて収集しました。

たまたまそのとき朝日新聞の記者と何かやり取りがありまして、その記者が取材にきて「偶然の発見」ということの記事が出たんです。

これが収蔵物の一つになっているんですが、これについても、岡山に落とされたM七四という焼夷弾なんですけれども、ずーっと東京の戦災誌の孫引きでM六九というふうに説明されてきました。しかもM六九の説明は、東京の戦災誌が間違った説明をしていますが、それをそのまま受け継いでいますから、二重に間違ったものを受け継いでいるわけです。私どもがM七四ということを言ったから、やっと最近はM七四といっているんだけれども—。実は、これがどんなものかということは、紙の上では米軍の資料なんかでわかるんですが、実物の資料がぜんぜんないんですね、抜け殻だけがあって。

ところがこれが手に入りましたら、この新聞記事を見たすぐ近所の方が「信管の部分が残ったのを、自分が十数年前に拾っているから、すぐ提供する」といって、はじめてM七四の信管の部分が残っている焼夷弾が提供されたということがあります。

それから別の形では、そういう検証的な活動をしていましたら—聞いてみたらあんまり例がないみたいですが—、岡山の津島という有名な弥生時代からの遺跡のあるところ—運動公園になっていて、今度岡山国体の会場にもなりますがね—、元の陸軍のいわゆる練兵場という訓練センターから、発掘の作業中に焼夷弾が出てくることがよくあるんですけれども、実は信管が出てきているんですね。信管の実物というのは、私はまったく見たことがなかったんですけれども—。その信管が一年半ほど前に出てきて、私どもの活動を認めたそこの行政担当者がそれを検証してくれって、こちらに依頼があった。たまたまその信管を—信管というのはやっぱり錆びたりしないように、アルミとか鉄ではなくてチタンか何かの金属でつくってあるんですがね—、ちょっと磨くようにしたら、その信管の制式記号がちゃんとみえるんですね。それで私の持っている資料と合わせたら、一〇〇ポンドの油脂焼夷弾の信管らしいんですけれどもね。焼夷弾そういうものがあって、はじめて実際の資料の検証ができる、と。で、焼夷弾そのものについていろいろ検証ができれば、今度は他のこともいろいろわかってくるわけです。案外、そんなことがほとんどわかっていないんですね。

博物館活動がささやかながらもそういうふうに発展すると、空襲の記録をつくるのにずいぶん役立つんじゃないかと思ったりしています。そんなことで皆さんのご支援もぜひいただきたいというふうに思っています。

（福井ゆきのした文化協会編『ゆきのしたNo.397』から）

II 手記

空災の思い出

津川国太郎（1926年生まれ）

その夜はガラガラと小石をトタン屋根の上に叩きつけるような音で目を覚ました。蚊帳から這い出て、道路に面した窓や裏側の窓を開けて外を眺めて見た。二階の窓からではあったが、小石の降るような音は、何あろう空襲によって落とされた焼夷弾が屋根や道路に当たる為に生じた音だったと気づく。

時は6月29日、東京や大阪の大都市はもう何回も空襲をうけており、B—29による焼夷弾爆撃は中小都市にも及んで、近くでは姫路、米子などにも既に空襲があったので、岡山がやられるのもそう遠くないとは覚悟していた。しかし、岡山よりは大都市である広島が無傷である限り、まだ自分たちの町の番にはならないと安心していた。したがって、毎日のように空襲の警戒警報があっても対岸の火災視して別に本気にすることはなかった。それにしても、被爆の夜は警戒警報の予告もないままに、爆弾の雨が降ったという、いわば寝耳に水の驚きであった。

それまでに、焼夷弾を使った空襲で引き起こされた大火事に対しての防火作業は無効だと聞いていたし、各家庭に造営した防空壕に逃げ込んだのでは助からないとの情報もあったので、空襲があったら、早く安全地帯に逃げるのが第一と、かねてから家族の間で話し合っていた。

そして避難する時に持ち出す手提げ荷物は毎晩枕元において寝ることにしていたので、いざという場合に戸惑うことはなかった。

急いで着替えをして手提げ荷物を持って逃げるべく玄関から表に出ると、暗い道路には棒状の落下物が幾つも転がっており、その端には小さい焔がついていたので、これが焼夷弾というものかと初めて知った。しかし、焼夷弾という名前にしては、水を掛けるだけで、火を消すのは簡単であったので恐ろしいとは思えない品物であった。この分だと、市民がやる気を出して家に燃えつかないように消火活動を続けたとすれば、自分の周りが燃え出すのを防ぐことは可能のように思えた。と言っても、大火事になってからでは延焼を防ぐことは不可能であることは明らかであった。

敵もさるもの、空襲は寝込みを襲っての午前2時より始まった波状攻撃で、無人の公共建築物には人手があるはずもなく、市全体にわたって火種をばら撒かれたのでは、すぐ大火事になってしまって、その時点での消火活動は事実上無理な相談であった。

市当局は、それまでに焼夷弾爆撃に見舞われて、なすべくもなく焼け野が原となった各都市の惨状を知っていた為か、市民に対しては有効な焼夷弾空襲対策についての指示はなかったように思う。ただ、防火対策として、市の真ん中を流れる「西川」の両岸の家を取り壊して延焼を防ぐ態勢は整えていたのだが、これとて延焼防止ではなく、川を避難所として活用する含みであったのかも知れない。とにかく、市の中心部に住んでいた人にとっては、この「西川」が唯一の避難場所になったはずである。しかし、折角作った（安全地帯）の川を利用しないで、近くの「天満屋百貨店」の地下に逃げ込んだ人は残らず死んだと聞いている。そして、この空襲で焼け死んだ人は市の人口の1割（1万5千人）だと発表があったと記憶しているので、大多数の人はうまく逃げおおせたということでもある。

私たちが表に出た時点では、近所にはまだ火の手が上がっていなかったが、予定通りに避難することにした。その避難場所に行く最短の道は広い「相生通り」を東に向かうことで、母と下の妹（延）はいち早く家を出た。後で聞いたのだが彼女たちは焼夷弾の落ちる音は耳にしながらではあったが、危ない思いもせず、「旭川」を越え、その東土手の辺りにあった防空壕に入って市街の火事を避けることに成功したとか。

先に逃げた母と妹に続いて、もう一人の上の妹（喜）と私が逃げ出すまでに、10分も経たなかったように思うのだが、その時には既に家の四方に火が回っていた。そして、母たちが逃げ去った方向は火勢がひどくて通れそうにもないので、火勢がそれほど強くないように見えた北に向けて逃げることにした。しかし、そちらも道の両側にある建物がどんどん燃えあがっているので、火の中を潜らねばならないことは覚悟しなければならなかった。短い距離とはいえ、火の中を突っ走るのはまさに必死の思いであった。一緒に逃げた妹は濡らした布団を頭から被っていても、いざとなると、火の中に入るのを躊躇したものだが、強行しなければ死んでしまうぞと励まして火中を走ってもらった。火の道は50メートルもあっただろうか、火に炙られながら、やっと燃えてない家のある所まで通り抜けた時は、これで命拾いしたとほっとしたものだ。

私たちが家を放棄した時点では、消防隊員であった父は悠々として消火作業をしていたと思うが、いずれ逃げ延びてくれるものと信じていた。しかし、その父も含めて、私の家の辺りにまだ残っていた人で、逃げ出すことに成功した人には出会っていない。

私たちは、「池田家」の前の広場を通り、「岡山城」のお堀端の横を抜けて、「旭川」の縁に避難して二、三時間を過ごすことになる。その川辺には避難の人が満ちあふれていた。

B―29の飛行音は波状攻撃であったらしく何回もくりかえして聞こえていたので、川辺にうずくまってじっとしてひたすら時が経つのを待つより他なにも出来ないでいた。空は焼けている市街を反映して赤くなっていたように思う。空襲が始まってから二時間も経った頃、しばらく飛行音がとぎれた時期があった。私はもう空襲は終わったのかと思い、どれくらい市街が焼けたのか確かめようとして、川岸を離れ、まだ、火災を起こさないで横に聳えている天守閣のある高台まで行こうと石段を半ばまで登った時、またパラパラと焼夷弾が降って来た。慌てて石垣にへばりついてやり過ごしたのだが、この爆撃で城にも火がつき焼け落ちてしまった。どうやら、これが最後の飛行編隊の襲撃波であったらしい。この時に投下された焼夷弾の直撃を受けて川岸にいた人が何人か死んだのを私は目撃した。

城も完全に焼けてしまい空もようやく白みがかってから、私は逃げ出した家の方に向かった。その時に一緒にいたはずの妹の姿が見えないことに気づいたが、探すことはしないで、私一人が元来た道を辿った。「池田家」の前の広場に出る途中で、火災を免れた軒並みの一番端の家が類焼しそうになっていて、家族の人が消火作業で大わらわであったので手を貸すことにして暫く奮闘してやっと火は消し止めることが出来たので、とてもうれしく思った。その家は偶然にも友人の親戚であったらしく、後ほど友人の日下君がお礼を言うために訪ねてきてくれた。

「池田家」の所から相生町の我が家の方を見渡すと何も残っていなかったが、まあそんなものだと、別に驚きもしなかった。

帰って見ると、つかの間留守にした家は全くの灰燼と化していた。市は一面の焼け野が原となっており、鉄筋コンクリートの「中銀」とか「天満屋」辺りまで見通せたものだ。しかし、家の焼け跡をよく見ると、白骨と化した頭蓋骨が鎮座しているではないか。逃げ場を失って我が家に留まって焼け死んだ人がいたという無惨な状況を目の当たりにして息をのんだ。その時、焼け跡に戻ってきた母と妹（延）とも顔を合わせ、お互いの無事を喜んだ。敷地の中にあった（遺骨）は、まさか父のものであるとは信じなかったが、身元不明でも焼け跡に放置しておくことも出来ないので、どこかに安置したいと考えた。それにしても、差し当たって私たちの泊まる所を探さねばと思案した。

そして、思いついたのは「操山」の麓に疎開している知人の「曽原さん」を訪ねてみることであった。そう決めてから、私たち三人は焼け跡を離れ、母たちが戻って来た道を逆行して「瓶井（ミカイ）」に向かって歩いた。「相生橋」の東側の「古京町」は焼けていたが、「国富」に近づくにつれて焼け残った家も見られるようになった。更に、「地蔵川」を渡る橋の道路脇にある知人の「後藤ハナさん」の家も焼けないで残っているのを見たので、玄関から声をかけた。後藤さんは父と同郷の出で「天満屋」の呉服部に勤めていた。ハナさんは親切に私たちを労って下さり、結局は後藤さんの家に泊めてもらうことになり、そのまま、引き続いて一年半以上も仮住まいの部屋を貸してくれることになった。

焼け出された人々に対して戦災を免れた町内会では早速（炊き出し）をして「地蔵川」の横で、おにぎりなどを振る舞っていたように思う。私たち三人はおそい朝食の供応をありがたく受けた上、その夜の宿も確保出来たので、また焼け跡に戻った。そこでは被災者があちこちに動き回っているのが見られ、お互いに情報の交換をしていたので、父や喜の姿を見た人はないかと尋ねてみたが、誰も知っている人はいなかった。

翌日もまた同じことの繰り返しで焼け跡に出て、なにか使えるものはないかと探していると、半分焼き焦がれた札束とか印鑑があった。そこには頭蓋骨のあった所であったので、印鑑でその身元が分かった。その人は同じ町内に住んでいたので、その家の焼け跡に私たちの連絡先を記した紙を残しておいた。

さらに、その翌日も焼け跡に出かけて、人捜しを繰り返したが何も目新しい情報はなかった。しかし、旭川の川辺で別れ別れになっていた喜が夕方になって偶然にも後藤を訪ねて来たので、先着の三人と合流することになった。喜は岡山城に焼夷弾が落とされる前に避難民の群と旭川を向こう岸に渡り、さらに安全な土地に向けて移動したとか。そしてグループの中の顔見知りの人に付いて、焼け残っていた「森下駅」から西大寺軽便鉄道に乗り、その終点駅「西大寺」から山陽本線に乗り換えて「瀬戸」にある農家で二晩泊まって無為に時を過ごしたらしい。だがいつまでもそこに滞っている訳にも行かず、岡山へいったん戻ることにしたが、お金の持ち合わせもないので、山陽本線の瀬戸駅では被災者だからと断って無料乗車して岡山駅に降り立ち、我が家の焼け跡を確かめてから、行き先を「新田」の高橋さんの家と決めて歩き出したものの途中から気が変わって、より近くの知人の家、後藤を訪ねることにしたため、たまたま、そこに止宿していた私たちに会えたということである。

そうして4日目の7月2日になって、それまで行方の分からなかった父を我が家の焼け跡の防空壕で発見することになる。

その日は、焼け跡に出る日課の際に、防空壕に蔵っていた日本刀がどうなったか調べてみることを思いつき母屋の裏にあった倉庫の地下壕に入ってみた。そこには意外にも日本刀を抱えて蹲っている父の死体があった。父の他にもう一人の死体もあった。二人とも窒息死であったとみえ、焼き焦がれた様子は全然なかった。父と一緒に死んだ人の身柄は一目して分かったので、その遺族に連絡して死体を引き取ってもらった。

父の死体は抱え出して家の真ん中あたりに置き焼け残りの木片を集めて来て荼毘に付した。焼け跡で今度は本式に焼いて骨だけにしたということである。

思えば、父は最後まで消火作業で家を守ったので、近所の逃げ遅れた人が何人も、まだ燃えずに残っている我が家に集まったのだと思われるが、寄せる火事には抗しがたく、その場で命を落としたということであろう。事実最初に目に付いた遺骨以外にも敷地内でもいくつかの遺骨も見つけているので、すくなくとも我が家では4人が死んだことになる。

一家の大黒柱であった父の死が確認された時点で、まだ20才の学生であった私に所帯主としての責任が課せられたことになる。

もし父が生きていたら、まだ44才の働き盛りで、それまで薪炭商を営んでいた父はとても行動力があったので、早速焼け跡に仮小屋を建てたに違いない。しかし、現実は、戦争の末期のそれでなくても苦しい生活環境下で働き手の父を失った私たち家族は途方に暮れるのみで、その苦しみは筆舌に尽くしがたいものがあった。その上、私は火を潜って逃げた時に受けた顔面と手の甲の火傷で暫くの間肉体的にも痛くて苦しい思いもしたものだ。

この時期に戦災をまぬがれた人たちの温かい援助の手は、とても心温まるものでこの助け合いの恩恵により生き延びることが出来たことは確かであるが、貧すれば鈍するの諺のように、荒んだ非情の行為に走る人もあったと思う。我が家の焼け跡で生命と札束を落とした人の家族は、返してもらったお金の一部を私たちが猫ばばしたと疑って、警察に申し出て、母が数日もの間留置場におかれるという経緯もあった。幸いに延の女学校同級生の父親が岡山の警察署長をしていることを思い出して、東山で焼け残った警察官舎を探し訪ねて善処をお願いしたところ、母は翌日無事釈放されて帰って来たことがある。こんな恩を仇で返すような仕打ちを受けた母は97才になった今でも、このことを思い出すと腹が立つと言っている。

私は「二中」時代の恩師に家庭教師の内職を世話してもらい、そのうちの一人の住む「高島村」の家に住み込み家庭教師として家族とは別れて暮らすことになり、そこから自転車を借りて大学に通い始めたが、これは卒業するまで続けた。

岡山の空襲におくれること一ヶ月あまり経って、それまで温存されていた広島に原子爆弾が投下され、引き続いて長崎にも原子爆弾が落とされたと聞いたかと思うと8月15日の終戦詔勅があったのだが、この戦争末期の時期には私たちは（茫然自失）でその日その日を生きていたように思う。終戦詔勅を聴いたのは、母や妹たちは訪問先の「新田」の高橋宅であったが、私は岡山大学の校庭に集まって聴いたと記憶している。その時はまだ脚にゲートルを巻いていたが、詔勅があった後、早速ゲートルを取り外してなんだかすっきりした。敗戦は誰の目にも明らかで、竹槍で（一億総玉砕）などの掛け声は馬鹿らしいと思っていたので、終戦は大歓迎であった。

終戦が訪れて、前途に光明が見えるようになったと喜んだのはよいが、タガを外された日本社会は闇市の氾濫ということに象徴されるように、何でもまかり通る世の中になった。そして、食糧事情もふくめて日本の経済状態は戦時中より一層悪化したように思う。新しい民主主義?社会が台頭したとはいえ、経済回復は遅々としたものであり、敗戦国の悲哀をいやというほど思い知らされた。

占領軍が岡山に進駐して来たのは、敗戦後間もないことであったが、敗戦国民には町内会を通じて終戦処理の一環として(武装解除)とかの理由で岡山の兵器廠にあった弾薬を爆破するから労働力を供出しろとのお達しがあり、私もそれに参加して一週間ばかり毎日進駐軍の屯所となっていた兵器廠に出掛けた。そこで、ジープで引っ張る無蓋のトレイラーに10人ずつ詰め込まれて作業場の旭川の川岸まで運ばれ、弾薬箱を焼いたりする仕事を命じられた。進駐軍の兵隊は自分の休憩時間を取るために私たち労働者をトレイラーに乗せて酒保の前まで連れて行って長い時間置き去りにしておくのが決まりであった。これなどは敗戦国民を捕虜扱いにしたと言ってもよいと思う。

岡山医科大学も空襲で木造建築物は焼けたのであるが、屋根のない解剖教室に残っていたセメント解剖台を使って露天の下で屍体解剖の実習を余儀なくされたなど、敗戦国の惨めさは充分味わったものだ。

空災時の思い出について、妹たちと話し合ってみると、それぞれの記憶に濃淡があることが分かった。17才であった妹喜と14才の妹延の記憶も55年も経った今では微妙に異なっているのも面白い。私の記憶にも明らかに間違いもあることも判明したので、この稿も私個人の印象記ということに過ぎない。

（２０００年11月発行　文芸誌．ｉｎ ＵＳＡ『新植林第25号』から）

空襲3話、その日、その翌日

清須　晶子（1923年生まれ）

空襲（1）

「男が逃げるとは何事だ！引っ返せ！引っ返せ！」

馬に乗った軍人が軍刀を振りかざし、大声で叫びながら北から駆けてきた。

逃げまどう人々は、一瞬たじろぎすくんだ。私の脳裏《のうり》に焼きついているこの光景。

忘れもしない昭和二十年六月二十九日未明、岡山市にB―29の激しい空襲があった時である。

この頃戦局は次第に憂慮《ゆうりょ》する状況で、東京方面はもちろん、京阪神地方も頻繁《ひんぱん》に空襲があり、岡山にもいつか空襲があるだろうと言葉には出さないけれど内心不安な毎日であった。

当時私は市内の幼稚園に勤めていた。自宅は南方。家族は両親と私と下の弟（岡山県立第一中学校三年生）の四人。姉が初産《ういざん》で臨月のため大阪より帰っていた。上の弟は神戸高等商船に在学中であった。その日は蒸し暑く寝苦しい夜だった。常に夜は燈火管制《とうかかんせい》であり、家族はズボン、モンペを着たままひと所に寝ていた。

雨戸は外気が入るよう間を開けていたが、蚊帳の中はじっとしていても汗ばみ、てんでに使う団扇《うちわ》で揺れていた。

私はふと朦朧《もうろう》とした意識の中で警戒警報を聞いた気がした。と同時に、シュルシュルシュルと聞きなれない不気味な音が二度三度聞こえてきた。警報が発令されると園に集合する規則になっているので、私は急いで立ち上がった。その瞬間家が地震のように揺れた。

大阪で空襲を経験している姉が、大声で、

「空襲よ！」

と言った。

父の言い付けで、母と姉が防空壕に入った。が、轟音《ごうおん》と地響きが連続的に響き、

庭から火柱が見えた。父は、母と姉と私に、

「もう家にいたら危ない。先に三人原っぱの方へ行きなさい。晶子頼んだぞ」

と、夏布団の上掛を渡した。

私と姉は、貧血で病弱な母を左右から腕をかかえ、支えながら原っぱに向かって急いだ。

どうにか大通りの四つ角に来た時、私たちは恐怖で足がすくんだ。

辺りは四方から燃え上がる炎で真っ赤。闇が異様な明るさで昼間と同様になっている。

広い道路は、南の中心街から北の山際の方へ向かって、泣き、叫び、呼び合い、夢中で走る人々でいっぱいだった。その間もドーンドーンと、家や地面を揺さぶる爆弾と、焼夷弾の不気味な音が絶え間なく、その度に火柱が上がり家の焼ける音が響いた。

その時だった。男の大声が聞こえたのは。

私達は息をのんだ。母と姉の呼吸は荒く、

「心配せんでもいい」「大丈夫」と二人は言うものの、繋《つな》いだ手がぶるぶると震え

ていた。

軍人は同じ言葉を叫び続け、道路の真ん中で馬を止めようとしたが、馬も異様な状態に興奮したのか落ち着かず、いななき跳ねた。

馬の挙動にいきりたった軍人は、人々と反対の火の海となっている南へ向かって駆けて行った。走って来る人は後を絶たなかった。

パンツだけの裸の人、はだしの人。夢遊病者のような人。

走れない私達は轟音と悲鳴を背に北に向かって歩いた。休んでは歩き、歩いては休んだ。

休んでいる時、赤ちゃんを抱いたシミーズ姿の若い母親に会った。一目で疲れているのが分かった。私は尋《たず》ねた。

「赤ちゃん何時に生まれたんですか」

「三週間前です」

私達は顔を見合わせた。

「可哀想に……」母は泣き顔で言った。

「元気を出してね」

どうすることもできないのでそう言って別れた。姉は後ろ姿を何時までも見ていた。

するとすぐ寝たきりの母親をリヤカーに乗せ、押している娘さんに会った。

母親は布団《ふとん》を被ったまま、

「こんな目にあって死ぬかもしれない」

と泣きながら言うと、娘さんはただ黙って唇をかんでいた。

歩き疲れ振り向くと、朱色の空に屋根の上を飛んでいるB—29の銀色の機体が見えた。

あんな低空で……一瞬の間であったが、怒りと虚しさが突き上げ、逃れているのが無意味な気がした。

どれほど知らない場所を歩いたのだろうか。

「私はここにおるから」

と、姉が言った。

うす暗い中、よく見ると原っぱで、あちこちに大勢の人が茫然《ぼうぜん》と座っていた。

私達は崩《くず》れるようにしゃがみ込んだ。母と姉はすぐに横になった。私は側で座っていると急に身体が乗り物に乗っているように揺れ、胸の鼓動が激しく身体全体がしびれて、その後ぶるぶると震え出した。私は両手を固く握りしめ目をつむり、(しっかりせよ、しっかりせよ) と自分に言い聞かせた。

遠くの方でまだ爆音と爆弾の音がしていた。

やがてしらじらと明けてきたころ座っていた人達は無言で立ち、一人二人と宙を見たまま歩き出した。私達も家は焼けたと覚悟し、ゆっくりと家に向かった。ついさっきまでの家並みは焼けて煙が一面に立ちのぼっていた。大通りは被災者の列が続いている。もうすぐ家とくすぶっている煙の中、目を見開くと、なんと我が家と隣の家が建っているではないか。力の湧いた三人は急いで駆け込んだ。父、弟と抱き合い喜んだ。

五十メートル先の四軒の借家も、側まで焼けているのに残っていた。

空襲 (2)

B—29の空襲により一夜で焼け野原と化した岡山市。白く立ちこめる煙の中、我が家が見え、無我夢中《むがむちゅう》で家に駆け込み、家族と感涙《かんるい》にむせんだあの瞬間は、今思っても胸が熱くなる。

空襲四日前貧血で裏庭に倒れた母と、十日後に出産予定日が迫っている姉は、畳の上で力が尽きたように横になった。二人共顔色は冴えなかったが、落ち着いた息づかいに見えた。

縁側で一休みしていると、家の近くでぽつぽつと落ちていた雨が本降りになった。私は雨に打たれている庭の敷石や、潤っている木々を見ながら、魂の抜けたように虚《うつ》ろな目をして、大通りをのろのろと引き返して行った人達のことを考えていた。どこへ行くんだろうか。当てはあるのだろうか。とにかく自分の家へ行くだろう。もし家が焼失していても、自分の住み家に行けば肉親の人に会えるし行く先も決まるだろう。又近所の人達の様子も……。でも身内の人が亡くなっていたら。子供だけ残っていたら……、園児は……、ましてこの雨の中をと思い巡っていると、いたたまれず、幼稚園に行こうと思った。その時、

「C先生（医師）や産婆さんはどうなっているだろうなあ」

と、父が低い声で言った。お二人は、番町付近に居住しておられた。

「これから幼稚園に行くから、分かると思うよ」

私は急いで着替えに二階へ上がり、何時もの朝のように窓を開けた。途端、悲鳴を上げた。二十年近く見慣れた家々の屋根も煙突も、馴染《なじ》んだ店も、木々まですべて消え、見たこともない瓦礫の山がどこまでもどこまでも続いている。そしてその中、駅がポッツン見える。つい五、六時間前の阿鼻叫喚《あびきょうかん》の恐怖とはまる反対の、焦げ臭い匂いが漂う中、聞き慣れた音も、人の声も、何もかも失せ、全く無の状態に、今度は絶望と悲しみに襲われ、しばらく釘付けになった。

雨上がりの午後、私は幼稚園に急いだ。

大通りは昨日までとは一変し、道路はそのままだが、両側は焼け落ちた家の瓦礫が続き、被災者の人の姿も見えず、梅雨のどんより曇った空の光は、通い慣れた道のはずなのに、何か起こるのではないかと胸はどきどきし、足がすくみがちになった。番町近くで無傷の家が点在し、ほっとして左に角を曲がったその時、またも仰天し、足がすくんだ。

電車の終点である番町に、分散していた二両の電車が真っ赤な炎を巻き上げ燃えていた。熱気で道を歩ける状況ではなかった。が、燃え盛る炎の向こうに何時もの学校が見えた。

当時、幼稚園は小学校校庭の一隅にあった。（小学校は焼失を免れている、幼稚園は無事なのだ）と勝手な判断をし、遠回りして園に向かった。ところが学校の裏も焼けた黒い木や見渡す限り瓦礫が原。私は何もかも灰になった園庭に茫然《ぼうぜん》と立っていると園長が来られ、ことばも出ず、ただ手を取りあって泣いた。

園長と私はお互いの家族の無事を喜び、灰の中の鋏を探し集めた。古釘一本でも国は必要としていたのだから。

私達は小学校に先生方の安否を聞きに行った。物音一つしない廊下を通り、教員室に入るやいなや、私達のところへ駆け寄って、

「O先生（女）が亡くなったのよ。防火水槽の中で……」

同じ年頃のM先生（女）は溢れる涙をぬぐおうともせず言った。輪になって話し合っていた男の先生方は、自宅の水槽の中で手を合わせ亡くなっているO先生を、焼け残った板や木を集めて焼き葬ったと悲痛な顔で話された。

棒立ちで聞いていた私は膝がガクガク震え、あまりにも悲しい死に涙が止まらなかった。

胸の内は（なんで！どうして！あの元気な先生が！）と叫び続けた。

園長先生は、「O先生は喜んでおられると思いますよ、先生方に葬ってもらって」と、倒れている死体を見ているだけに声を詰まらせながら言った。私は明日救護に来ることを約束した。

園長と私は暮れかかった道を我が家へと急いだ。

家に帰ると、全焼した叔父一家、母方の親戚の人、町内の二人が来ていた。

その夜、私はなかなか寝付かれなかった。前日運動場で授業をしていたO先生の姿と、燃え盛る炎の中で逃げ場を失い、炎熱に耐えかねて水槽に入り、死を覚悟し合掌した先生の姿がちらつき、一睡もせず朝を迎えた。

少女期から勝ち戦ばかりの話を聞き、戦争は勝つ戦いと信じていたが、一度の敵機の飛来で不安になったことは確かである。

この空襲で岡山市の十一国民学校、七中学校が焼けたと聞いた。勤めていた幼稚園の園児が六名亡くなったと聞いたが、定かではない。

決して忘れることのできないこの日は、青春真っただ中の二十三歳の夏、六月であった。

空襲（3）

岡山空襲の翌日、私は焼失を免《まぬが》れた弘西国民学校に救護の手伝いに行った。家も近く、類焼《るいしょう》も二軒前で消え、家族も何事もなく運がよかったと思う反面、被災した人達を考えると、じっとしていられなかったからだ。

電車通りの北門の入り口から保健室の前を通ると、突き当たったところが廊下、向かいが教室で、そこが救護にあてられていた。

教室には二人ずつの机と椅子が並び、窓際に手首のあたりを怪我をした中学生ぐらいの男子と、大人の男性が黙ってうつむいていた。

この時、私はこの場所で傷の処置をしてもらえることを知らない人が大勢いるのではないかと思った。

しばらくして、小さい箱をもった医師？が来て、中学生の治療を始めたが、薬、包帯もあまりなく、痛いのを我慢する声に、私は手伝いもできずに教室を出て、廊下から保健室の方を見ていた。

保健室は入り口が西向きで、前を通った時、足がすくみ、一瞬、身体がぶるぶる震えた。

それは、何時もと違って入り口の引き戸が外され、こもが二枚吊してあった。おかしいな!と立ち止まった。その時、こもが風に揺れ上に上がり、中が丸見えになった。二度、三度と。なんと何時運ばれたのか、こもで巻かれた死体が山のように積まれ、足がはみ出ているのを側で見たからだった。

その光景を思っていたら、トラックが門に横付けになり、二人の男がこもに巻かれた死体を、鉤《かぎ》でひっかけては、トラックの中に放り込み始めた。次々と放り込み、一人が積んだ死体の上に上がって受け取っていたが、こもから女性らしい白くて細い腕がだらりと垂れ、思わず「あっ!」と叫び、私は見てはならない有様を見たようで、教室にあわてて入った。教室には誰もいなかった。

明日は看護婦さんが来られると聞いてほっとしたが、何の手伝いもせず、悲しい場面だけが脳裏《のうり》に残った。

戦争は絶対に勝つと信じ「欲しがりません、勝つまでは」と、すべての人が空腹を我慢《がまん》し、国のために働いたが、山のような死体や一昨日までの家並みが瓦礫《がれき》となった町を家に向かって歩いていると、不安と虚《むな》しさがつきあげてきた。

（2000・6）

陸軍赤十字病院の負傷兵

黒田　晴吉（1921年生まれ）

私は昭和二十年五月に岡山市の中心部にある陸軍赤十字病院（現在の日銀支店のある所）の二階に、足の負傷で入院していた。

戦局は悪化して、三月十日に東京に大空襲があったそうだとか、水島の工場が大爆撃を受けたそうだとかいう情報がそれとなく伝わってきた。岡山に空襲があるとは夢にも思っていなかった。思い出せば、六月二十九日真夜中、枕元から数米のテラスで爆弾の破裂する音を聞き、すわ空襲と全員が病室を逃げ出した。その時、重傷の自由のきかない戦友が自分も連れ出してくれと懇願したが、誰も我が身が可愛く手を貸さなかった。後で聞くと、看護婦さん達が無事に連れ出したとの事であった。

玄関に出ると、北の城下町は火の海で逃げ場がなく、仕方なく電車通りを南の方、中銀前、西大寺町の方に逃げた。その道の両側はまだ焼けていなかったと記憶している。焼夷弾は数十発が束になって落ちて、途中でばらばらになって落ちてくる。その時の音が不気味でザーという雨の降るような音は私の耳に未だに残っている。焼夷弾の直撃を受けないように、家の軒下にかくれながら逃げた。後で聞けば、当時の岡山市長のお嬢さんが直撃で亡くなられたということでした。続いて京橋を渡り、中納言、放送局通りへ出て、途中の民間の防空壕へ民間人と一緒に避難した。やがて空襲も終わり、民家の玄関で戦友と共に休ませてもらった。午前五時頃（？）豪雨が数十分降った。

これは大火災の後の煙の上昇による天然現象であったと思う。雨が止み、午前八時頃民家を戦友と出て、避難先に指定されていた内山下小学校へ向かって歩いた。途中放送局筋の電停付近では電線が切れて、垂れ下がり危険であった。相生橋へ行く途中、少しは家は焼けずに残ってはいたけれど、ほとんど焼け落ちていた。相生橋上で我々を探していた衛生兵に会った。公会堂（焼失）付近から西を見ると、天満屋と岡山駅だけが残っていたと記憶している。焼け跡で無惨な焼死体をいつくか見た。

どうしてこのような人達（多分老人か女性）が犠牲にならなければならないのか、複雑な気持ちが頭を過《よ》ぎった。また天満屋の地階では多数の市民が焼死したと聞いている。

その後、私は陸軍病院（京山の付近にあった）が焼失したので、英田郡湯郷の旅館、次いで勝山中学校へと移動した。八月十五日は勝山中学校で迎え、八月二十日頃原隊（四十八部隊）へ復帰した。終戦処理（爆弾の処理、小銃の菊の紋を消す等）をして、九月下旬やっと召集解除になった。そして一面焼け野原になった市内を歩いて住吉町の実家（幸い焼けていなかった）へ帰った。岡山空襲は私にとって一生忘れることのできない出来事であった。防火演習のバケツリレーとか火叩き等は何の役にも立たなかった。その後の我々の筍生活はみじめなものであった。住む家もなく、食料も乏しく、収入もなく、衣料もなく、闇商売がはびこり、乞食同様の生活であった。

もう少し早く戦争指導者達が戦争を止めておけば、岡山空襲も原子爆弾の洗礼も受けずにすんだと思えば、返す返す残念である。

（1999・12）

上道郡沖田村で

片山　博之（1932年生まれ）

当時、中学一年生。住所は岡山市桑野（小用水）。当時は上道郡沖田村である。父は五月に招集で兵役に就き、母と寝たきりの祖母、幼少の弟、妹の七人家族。夜半、「岡山が空襲」という母の声に起こされ、操山の方を見ると、空が真っ赤に染まっていた。そして激しい夕立が襲ってくるごとく、操山の上から次第に南に焼夷弾が落ち、やがて操山南側の山ろくの湊（みなと）付近の民家が何軒も燃え上がった。ちょうど私の家がB―29の進入路の真下に当たったため、空襲が終わるまで頭上で爆音がし、一機一機が点灯して一分間隔ぐらいで続いて通過した。やがて藤崎あたりにも焼夷弾が落とされ、操南小学校（当時国民学校）と付近の民家数軒が炎上した。

空襲の最後のころ、焼夷弾は私の家付近にも落下した。至近弾は、私の立っている所から5メートルくらい先に2発。まさに命拾いした。ちょうど用水路の中に落ちたため、川が火の海になったが、家屋にも延焼することなく、ガラスが一枚破れただけですみ、幸運だった。

空襲後の様子

正午ころ、私の近所の先輩と学校（二中）に行き、校舎の全焼を見届けた後、叔父が清心町に住んでいたので、郵便局の横から駅前を通ってそこまで行って焼け跡を見た。途中は煙と余熱でくすぶり、道端や郵便局本局東の駐車場には多くの焼死体があって正視できなかった。

帰り道、家の近くでガラスコップくらいの金属製の物を拾い、小さなプロペラ状のものを回すと「ジュー」と音がしていた。私は欲しかったが、先輩が持ち帰り、家の前で迎えに出た弟に投げ渡した瞬間、「ドーン」と爆発した。2〜3メートル手前で弟さんは無事だったが、後で消防団員がそれと同じ物で死亡したと聞きゾッとした。

また、二中の友人は、数日後勤労奉仕で田植えに行き、足に黄燐が付着して、火傷を負ったと聞いた。

（2001・9）

B—29墜落

藤原　邦也（1934生まれ）

昭和20年6月29日、早暁、ゴーゴーという異様な轟音に、着衣のまま就寝していた小生は、ハッと目覚めた。西の障子が真っ赤である。「火事じゃ。」飛び起きて障子を開けると、丘の上の空は紅に燃え、もうもうたる黒煙は空全体を覆い尽くしている。機影は見えないが、その黒煙の中から花火の滝のように焼夷弾が、次から次へと降り注いでいる。

岡山空襲である。

国民学校五年生だった小生は、まず女学校（現操山高）在学中の姉が、あの灼熱地獄の中から無事に帰ることを念じつつも、それは絶望に近いと、諦めに似た気持ちでそれを眺めた。

ほどなく我が家（岡山市宮浦）の近くにも流れ弾のように焼夷弾が落下し、山火事となった。パタッと門前にも牛糞を落としたように油脂焼夷弾が燃え上がったが、直ちに砂をかけて、どうにか事なきを得た。

急いで生活必需品の梱包を、予め掘ってあった庭の穴に埋めて、隣家の防空壕に避難し夜の明けるのを持つ。山火事の明かりで部落が攻撃目標になってはと、消火に走った老人もいたが、ほどなく降った雨で鎮火した。

「Bが落ちたぞー、Bが落ちたぞー」誰か連呼しながら走り去る。

水島爆撃の際、雲一つない真っ昼間、百機以上のB—29が、悠然と編隊飛行をしているにかかわらず、日本の高射砲弾は、いくら撃っても届かなかった。それを目撃しているので、誰しもBは故障で落ちたのだろうという。ましてや、機影は見えないし、高射砲を撃つ音も聞こえなかったのだから……。こんなに遠方の山へ焼夷弾を落としたのも、多分、この飛行機だったのだろう。

爆音も遠のき、薄明かりになったので、波止場へ出て見て、その異様な光景に驚いた。

児島湾が燃えている。油脂焼夷弾が燃えながら海面に浮き、旭川から潮流に乗って東へ流れている。

「おい、Bを見に行かんか。」「よっしゃ。」

腕白盛りの四人は、その日、興奮を押さえ切れず金上（かなげ）池の墜落現場へ向かった。

「子供の来る所じゃない。」そう言いながら大人が二、三人で曲がったプロペラの一枚に縄をつけ、山道を引っ張り下ろしている。

「わあ、すげえなあ。」B―29の残骸は、巨人な金属の、眼を疑うような代物だった。

当時、我々は毎日、赤とんぼ（赤い複葉小型練習機）が、児島湾上空で編隊飛行、急降下、宙返り、錐揉みなど、黒煙をあげながら練習しているのをいつも眺めていたが、それらは布製飛行機であった。また登下校の際、道べりの山かげで製作中の双発飛行機はベニヤ合板製であった。そこで働くやせた学徒動員の若者は、「食わせてくれ。頼む。」と言っては、小生の小さな弁当を奪うようにして、物かげに隠れ、大口あけてそれをかき込んだものだ。（登校の時、弁当を取られはしまいかと、

いつも気掛かりだった）

鬼畜米英の教育を受けていた我々にとってB—29が墜落したことは、実に痛快な出来事だった。

山頂近くには、まだ熱い真っ黒のエンジンが四個、湯気をたて、山火事のあとの立ち木には、山中いたるところ錫箔テープが、出船の際のテープのように絡まっていた。機体は四散し、銃身に多数孔のある機銃や弾薬、派手なオレンジ色の布や鏡等々黒くなって散乱していた。それを見て、「Bには女も乗っとるらしいのう。」という者もいた。

「あっ、ピストルがあった。」と一人が拾うと「ここにもあった。」ともう一人、四角張った黒焦げの短銃を見つけた。

「おい、ター坊、ピストルもええが、おめえ、人間の上に立っとるんじゃねえか?」それは凹地に横たわる真っ黒になった胴だけの屍だった。ター坊は飛びのいた。

「危ない、ピストルはよこせ。」憲兵らしき人物が、我々からそれを取り上げた。

生臭い、焦げ臭い、ガソリン臭い異様な臭気の立ちこめる山中で、缶入りキャンデーを拾った人がいた。「それは毒だ、死ぬるぞ。」と忠告する人、「いや、死んでもええ、一度甘い物を口に入れて死にたい」という人、さまざまである。甘い物など、お目にかかることのなかった飢えた戦時であった。

姉は二日目の夕刻、ちぐはぐの下駄をつっかけて帰って来た。「生きとったの?」と喜びで絶句した母の姿は忘れられない。

戦いは終わった。その年の暮れ、「京城」より親戚が引き揚げて来たが、敗戦と同時に多くの日本人が略奪に遇う中で、日系二世（降下部隊）の米兵が、格別便宜をはかってくれ、無事に帰岡できた。間もなくその日系人も来岡されたが、「知人が岡山空襲で戦死したので、現場へ赴きたい」とのことだった。

あの忌まわしい加害者が、この優しい人の友達と聞いたとき、空襲で死んだ多くの市民と、山中あちこちに横たわっていた黒焦げの米兵を想起し、実に複雑な気持ちとなった。

アメリカは戦いに勝った。しかし死んでいった米兵の家族の悲しみ、憤りは、「勲章が何だ、父を返せ。」と叫びたかった我が家の姿と同じに違いない。

日中戦において漢口攻略の際、第一線で傷者を加療中、砲弾の破片を背部にうけて戦死した父……この戦死の報で一家が悲嘆の涙にくれていたとき、町は漢口陥落の喜びに沸き、提燈行列で賑わっていたという。

二度と還らぬ人の命も、戦いにおいては、弾丸と同じ消耗品に過ぎない。如何なる努力、研鑽を積んだ人生も、虫けらのごとく踏みにじられる。何故、互いに殺し合わねばならないのか、子供心に強く胸が痛んだのを思い出す。

三十七年目の終戦の日を迎えるにあたって。

(岡山市耳鼻咽喉科専門医会編『十六夜会誌昭和58年』から)

B―29墜落

家野　元善（1934年生まれ）

岡山市郡《こおり》（当時児島郡甲浦村）での体験。私は甲浦国民学校六年生。夜半親に起こされて、「岡山が空襲で燃えている！」と知らされ、裏の畑に出てみると、岡山市の上空は真っ赤に染まっていた。家族と布団を持ち出し、そのところを一応の避難場所として、燃え上がる岡山市を、児島湾をはさんで、文字通りの対岸の火事とばかりに眺めていた。B―29の残影が火に映し出される。そして火の雨が降る。燃える街からゴォーという音が伝わってくる。

B―29は東から西へ、焼夷弾を投下しては去っていく。この繰り返しが続いた。どれくらいの時間が過ぎたか記憶はないが、突然東の空から爆音が聞こえ、一機の飛行機が北東の方向の山影から現れた。機の輪郭は見えなかったが、翼の両端の赤と緑の灯（翼端灯）が目に入る。赤と緑の灯の間隔から、飛行機はすごく大きく見えた。室内灯がついていると思った。後で知ったことだが、エンジンから出火していたのだ。それが頭上に来たとき、突然青白い閃光が走り、空いっぱいに広がった。周囲が満月の何倍もの明るさで見えた。驚嘆した私は、無我夢中で布団をかぶり、建物の蔭にと走った。この光は、何かまた頭上の機が落としたものかどうかわからないが、今考えれば照明弾かもしれない。機は私の頭上を左旋回し東に飛び去った。それと同時にすぐ東の高山の地に焼夷弾が落ちて、そこはバリバリと音を立てて燃えた。すべて一瞬の出来事だった。

しばらくして、東の空が白み始めた頃、B—29が小川《こがわ》（甲浦村宮浦字小川。郡の東約3キロメートル）に墜落したことが伝わってきた。私はすぐに墜落現場を見に行こうとしたが、親に止められた。

夜が明けないうちに憲兵が車でやってきた。地元の消防団は自転車で現場に向かっていった。その中には日本刀を腰に差した者もいた。現場から戻った消防団の話では、墜落現場は山火事で、ドンドンバリバリと機関砲弾が弾けて危なくて近寄れない。生存者はいないだろうということだった。

それから十日（？）ほどして、学校から勤労奉仕と称して墜落したB―29の残骸を片付けに行った。梅雨の合間の晴れた暑い日だった記憶がある。山一面に散ったジュラルミン片。焦げた木にかかってヒラヒラしているアルミ箔のテープ。機関銃の銃身。それに弾けた薬莢などが散らばっていた。哀れに思ったのは搭乗員の靴。大きなブーツだった。今でこそよく見かける五千マイルブーツ。足首から折れて、中に足があるものもあり、空のブーツもある。焼けた山は異様な臭気を漂わせていた。

B―29の形はどこにもなかったが、エンジンとプロペラの巨大なことに驚いた。それまでは飛行機雲をひいて一万メートルの上空を飛ぶ豆粒ほどのB―29しか知らなかった。エンジンは大人の背丈くらいのシリンダーが星型に組まれ、飴のように曲がったプロペラと共に、斜面に転がっていた。このエンジンが一機に四発。B―29の巨大な姿を想像した。

何日かたって一人で墜落現場に行き、畳半畳くらいの大きさのゴムの板や、厚さ3センチくらいの、間に2ミリくらいの透明のゴムを挟んだ小皿くらいの防弾ガラスをこっそり持ち帰った。
現在は山に緑が帰り、何事もなかったようである。

（２０００・３）

B—29墜落

山根　英夫（1935年生まれ）

当時児島郡小串村。小串国民学校四年生の体験。

「英夫」「起きて」と呼ぶ声がした。母の声だ。「岡山が空襲ですよ。岡山が燃えているよ。」空襲警報のサイレンが鳴っている。爆音が聞こえている。起きるとすぐに縁側へ出た。西北の空が真っ赤だ。家並みの黒い影の向こうに、ぱらぱらと焼夷弾が雨のように降っている。

玄関の方へ出ていくと、祖父が「田圃の方へ出よう。」と指示したので家の外へ出た。家族は、祖父、祖母、母、われわれ兄弟姉妹が五人。父は出征して不在。合計八人であった。一年ほど前に塀の外の菜園の中に造っていた防空壕には入らなかった。玄関を出たところで、祖父と祖母は、家から持ち出すものを取りに家に戻った。田圃は田植え前で、牛に粗く鋤いてもらったばかりで、ならしていない。母に導かれて、田圃の中に弟と一緒に入っていった。下の妹は、生まれて四ヵ月だったから、母の背中に負われていたように思う。母が「弟を頼むよ。むしろを取ってくるからね。」と弟を託して家の方へ帰って行った。田圃の中に、三歳の弟と私の二人だけになった。相変わらず、岡山の方は明るく燃えている。西北の方を見ていると、西の方の山際に、光がぱらぱらと落ちる。焼夷弾だ。しかし、民家からは離れているようだ。こわごわと、弟をおんぶして見ていると、一瞬、物凄い閃光が、西の空いっぱいに拡がった。爆弾が近くに落ちたように感じて、弟を背負ったまま、東の方へ二十メートルほど走っただろうか。真っ暗な凹凸の激しい田圃のなかで、転んでしまった。弟と二人、土まみれになった。母が田圃に敷くむしろを持って出てきた。「英夫、どこにおるの」と呼んでいる。はじめに居るように言われたところから、うんと離れていたらしい。

怖かった。西の方を見たが、燃え上がっているところは、近くには無かった。隣の家に爆弾が落ちたかのように感じたが、狐に摘《つま》まれたようだった。

そうこうしているうちに、祖父、祖母もむしろを持って出て、田圃のなかに、十枚ばかりのむしろが敷かれ、その上に、布団が数枚敷かれて、家族みんなが揃って、震えながら、西北の方を眺めていた。岡山市の中心部は、相変わらず燃えている。兄と上の妹についてはは何をしていたかほとんど記憶にない。明けていく空には、月はなく、天頂よりやや南に、明るい星が一つ、いつまでもいつまでも光って見えていた。そして、爆弾が落ちたかに見えた方角に、一筋の煙が上がっていた。しかし、それがあの閃光の正体とは理解できなかった。

その後、学校で、その光の正体が、B—29の墜落によるものと知った。最初は、高等科の生徒が、ついで、六年生、五年生と順次、片付けに動員されたようである。

小串村内に焼夷弾がどのくらい落とされたかはよくわからないが、学校からの帰りに、駐在所のところに集められた焼夷弾の筒20本ばかり、それに加えて落下傘のはぎれ、アルミ箔のテープの束を前にして大人が集まって話しているのを見た。片付けに行った高等科の先輩から、「アメリカさんの物は大きいぞ」また、「何人も死んで焼けていたぞ」と聞かされたことである。

六年生であった兄も、墜落したB—29の片付けに行ったそうであるが、墜落からしばらくしてからのようだ。

また、最近、聞いたことであるが、当時、六年生十一歳の兄に、B—29の墜落したときの閃光を見たかどうかを聞いたところ、「私は見なかった。」とのことである。しかし、「岡山の空襲の前に、爆音を聞き、低空を飛ぶ何機ものB—29を見た。」という。

小串の地で、高松市の空襲も、姫路市の空襲も、また、岡山市の空襲も家の前の田圃の中で、遠くの光の雨として見た。あの年の記憶は、飛行機の爆音と共に、高校生になってからも悪夢となって現れた。岡山市の空襲から、もう六十二年余りになる。

（2008・1）

あとがき

第2部の手記。かけがえのない岡山大空襲の記憶。決して風化させてはならないという思いがひしひしと伝わってくる。

私どもは20世紀最後の年に、自らの組織のちいさなことを顧みず、歴史の事実の風化に抗《あらが》う気持ばかりは誰にも敗けないほど大きく、ずい分気張って「2000人の証言」募集の取り組みをした。（はじめは、センターの前身の6・29岡山空襲研究会の主催）結果は、予想を超えた反響。応募は、県外からも、それればかりか遠くアメリカからも寄せられた。半年余りの期間だったが、情報提供を含めて実に数百編。いただいた証言（手記）は、岡山大空襲の犠牲者鎮魂の証言集『吾は語り継ぐ』としてまとめて公刊した。（2003年6月29日）この書もまた大きな反響を呼んだことである。しかし、寄せられた証言の長編は、それに集録しなかった。もともと「2000人の証言」は、本をつくることは主たる目的ではなかったので、（「2000人の証言」は400字以内で募集）長編は拙センターの「記憶のファイル」

に収納し大切に保管していた。

しかしセンターに残された時間がなくなってきている現在、このかけがえのない手記を、いつまでも私どもで独占していいはずはない。それで急に本書を思いたったのである。本書は、第2部手記がなければ生まれなかった。

さて、手記の生まれた時期は、それぞれ新旧あり同じではない。もし、同じ人が、同じ体験を今語れば、それはまたすこし違った内容になると思うが、それはさておく。

最初の『空災の思い出』。2001年1月に、思いがけずはるばるアメリカからセンターに届いた。それは、カリフォルニア在住の同胞の同人文芸誌『新植林25号(2000年11月刊)』に掲載のものを、わざわざ「2000人の証言」に提供いただいたのである。最初横書きの文のコピーをいただいたが、その文芸誌は縦書きの編集。所収のどの作品からも、アメリカ在住の同胞が、私ども以上に日本人していることが伝わってきて感銘が深かかった。

アメリカで活躍されている津川国太郎氏について、ご本人から略歴のメモもいただいているので、紹介させていただく。メモは和洋両方いただいているが、ここでは、英文（次ページ）を使わせていただく。

津川氏との『出会い』は、大阪の岡本啓子さんのお陰。彼女は筆者の小学校6年生（国民学校初等科6年）のときの同級生。しかし卒業以後の63年の間、お目にかかったのは30数年前の同期会の席で一度だけ。その岡本啓子さんが親交のあったアメリカの津川氏に、私どもの「2000人の証言」の取り組みをわざわざ伝えてくれたのである。『出会い』の不思議な「縁」をつくづく感じた。

藤原邦也氏は、偶然津川氏と同業のドクター。手記は、岡山市医師会耳鼻咽喉科専門医会編の『十六夜会誌第三編』（198

Dr. Tsugawa was born in Okayama, Japan in 1926. Attended Okayama Nichu, Rokko and Okayama Medical College. Okayama was air raided, and soon after the War ended, when he entered to medical School. Dr. Tsugawa got training in ENT Dept of Okayama Medical School for 2 − 1/2 years, before he was sent to US for further training, in 1952. After 20 months of ENT work, in White Memorial Hospital, he took one year rotating intern ship at Cedars of Lebanon Hospital in order to obtain a Medical License to practice in California. He then added another 16 months of ENT residency at Harbor General Hospital, Torrance. He was hired in White Memorial Hospital for resident training assignment, while he practiced as an associate of Dr. H. James Hara, in Boyle Heights, and he also engaged himself in a private practice in Gardena, during 1957 to 1963. Dr. Tsugawa eventually joined to Kaiser-Permanente Medical Center at Harbor City as a full time physician in 1964. He served as a chief of ENT Dept. 1980-1990, and retired in 1991. He was presented a [Hakase] degree from Okayama University, in 1960 and he became a naturalized US Citizen in 1962, and he was certified by American Board in the field of Otolaryngology in the same year.

Dr. Tsugawa made 7 trips to Japan, where he made public speeches in the subjects of American Health Care. He recently contributed in the Rafu Shimpo, weekly column of [Omimi o Haishaku], 1995-1996.

(註) ENT : ear, nose, and throat (耳鼻咽喉)

３年１月発刊）所収の作品である。津川氏とは先輩、後輩の知己の間柄のよし。

この外の手記については、いちいちその由来は記さない。その点はお許しいただきたい。

「B―29墜落」の３人の方の手記。それは、拙小書『B―29墜落甲浦村１９４５年６月29日』（２０００・６・29刊）の上梓の際の出会い。どれも同書の〝記録〟を裏付ける〝記憶〟である。小６の少年の体験の55年後の〝記録〟と、地元の少年の〝記憶〟と対比できる。拙小書『B―29墜落』を合わせて読んで下さると嬉しい。

同じ地元の少年といっても、学年が違っている。次頁に略図で示すが、立っている場所が異なる。同じ体験でも、人により、場所により、年齢により内容に差があるのかないのか、このあたりも見てほしい。

さてさて、岡山空襲資料センター。冒頭に記したが、少年の岡山大空襲へのこだわり。１９４５年６月29日未明のB―29１３８機による84分間の大空襲。街はたち

『十六夜会誌第三編』（1983年１月発刊）

まち地獄の火の海となり２０００人を超える市民が犠牲になった。あれは一体何だったのかいつも考えてきた。しかしそれは体験だけでは何もわからない。それで調べはじめたのである。そして定年退職後、本格的な調査研究をするため、ボランティアで自宅にセンターをオープンする。２０００年６月29日のことである。そして今年設立8周年を迎える。前身の「６・29岡山空襲研究会」の3年を入れると丸11年。もともとセンターは10年計画ではじめたこと。ゴールは迫っている。しかし本格的な調査研究をすると言ったが、自宅の一室を借りて能力、資力ともにまことに微力の身の細々とした活動。事業はいまだ道半ばの感がある。それにもかかわらず今年からセンター代表の拙名刺の肩書に「後期高齢者」が加わる。残された時間があまりないことに

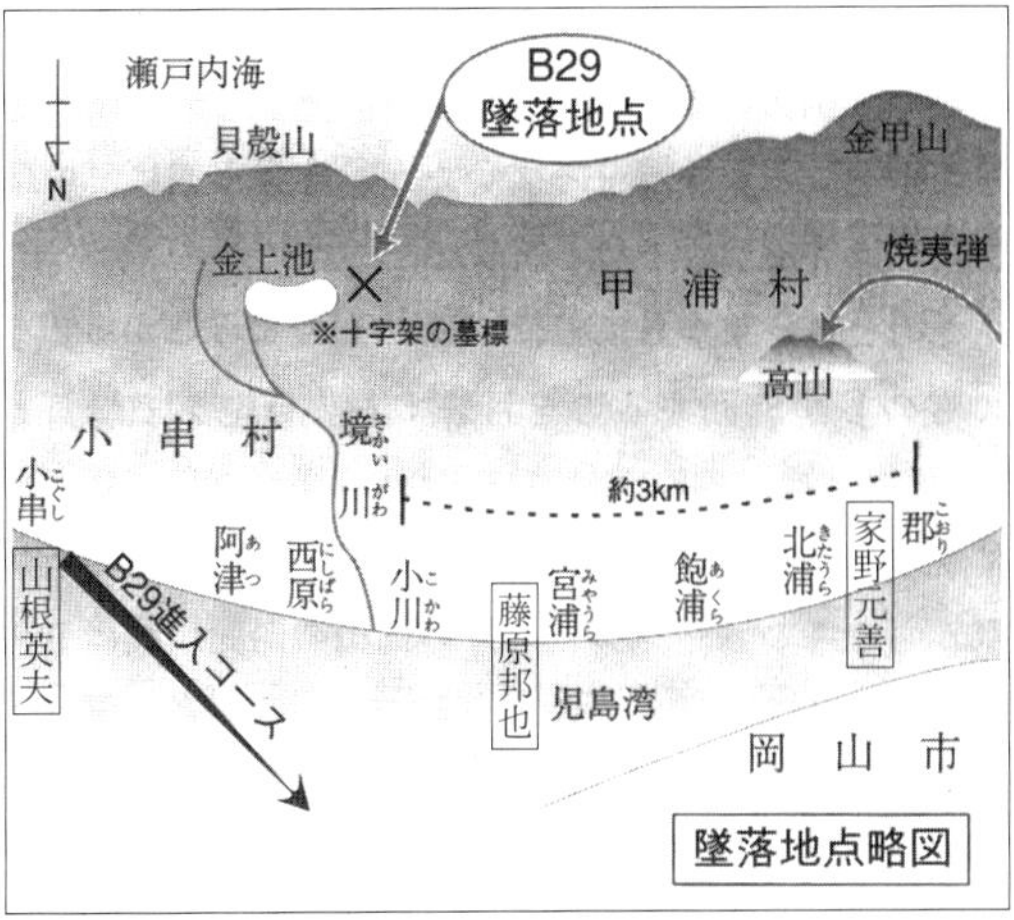

墜落地点略図

気がついたのである。この先は、どうしても若き学徒に託さなければなるまい。本書出版の切迫かつ切実な動機である。

改めて、本書への忌たんないご批正をお願いする。筆をおくにあたって、これまでの一方ならぬみなさんのご支援に謝し、今後とも相変わらぬご支援の程切にお願いする次第である。

2008年6月29日を直前にして

日笠俊男

日笠俊男（ひかさ・としお）
1933年韓国ソウル生まれ。
岡山大学教育学部卒業。岡山空襲資料センター代表
著書――『B－29墜落甲浦村　1945年6月29日』
『岡山空襲資料センターブックレット』①～⑥
『吾は語り継ぐ』（編著）
『米軍資料ルメイの焼夷電撃戦』（共著）
『日本上空の米第20航空軍』（共著）

吉備人選書　7
わたしと岡山大空襲
十代に語りつぐ1945.6.29

2008年6月29日　初版発行

編著者　日笠俊男
発行者　山川隆之
発　行　吉備人出版
〒700-0823 岡山市丸の内2丁目11-22
電話 086-235-3456　ファクス 086-234-3210
ホームページhttp://www.kibito.co.jp
Eメール　mail:books@kibito.co.jp
印　刷　株式会社 三門印刷所
岡山市高屋116-7
製　本　有限会社 明昭製本

ISBN978-4-86069-201-8　C0221

岡山空襲を知るための本（吉備人出版）

■B-29墜落—甲浦村1945年6月29日
日笠俊男●著 ｜判型●四六判｜171頁｜定価1,575円（本体価格1,500円＋税）
ISBN●4-906577-55-5｜発行年月●2000年06月

岡山空襲資料センターブックレット1
■1945.6.22水島空襲—「米軍資料」の33のキーワード
日笠俊男●｜判型●Ｂ５判｜49頁｜定価735円（本体価格700円＋税）
ISBN●4-906577-75-X｜発行年月●2001年05月

岡山空襲資料センターブックレット2
■カルテが語る岡山大空襲—『岡山医科大学皮膚科泌尿器科教室患者日誌』
日笠俊男●著｜判型●B5判｜51頁｜定価735円（本体価格700円＋税）
ISBN●4-906577-81-4｜発行年月●2001年06月

岡山空襲資料センターブックレット3
■戦争の記憶—謎の３．６岡山空襲
日笠俊男●著｜判型●B5判｜64頁｜定価945円（本体価格900円＋税）
ISBN●4-86069-017-6｜発行年月●2002年08月

■吾は語り継ぐ
岡山空襲資料センター●編｜判型●A5判変型｜178頁｜定価2,310円（2200円＋税）
ISBN●4-86069-036-2｜発行年月●2003年6月

岡山空襲資料センターブックレット4
■半田山の午砲台—岡山の時の社会史断章
日笠俊男●著｜判型●B5判｜48頁｜定価735円（本体700円＋税）
ISBN●4-86069-074-6｜発行年月●2004年6月

■米軍資料－ルメイの焼夷電撃戦—参謀による分析報告
奥住喜重・日笠俊男●著｜判型●A5判｜108頁｜定価1,735円（本体1,700円＋税）
ISBN●4-86069-083-4｜発行年月●2005年03月

岡山空襲資料センターブックレット5
■米軍資料で語る岡山大空襲—少年の空襲史科学
日笠俊男●著｜判型●B5判｜49頁｜定価735円（本体700円＋税）
ISBN●4-86069-100-8｜発行年月●2005年08月

岡山空襲資料センターブックレット6
■B-29少数機空襲—1945年4月8日狙われたのは玉野造船か
日笠俊男●著｜判型●B5判｜49頁｜定価1000円（本体952円＋税）
ISBN●4-86069-135-0｜発行年月●2006年06月